W0326121

Jouer Bridge

Les chelems

À Sans-atout À la couleur

Coordination

Brigitte Battin et Daniel Paladino

Éditions POLE

Les chelems (Jouer Bridge HS9)

Jouer Bridge est publié par les Éditions POLE
SAS au capital de 42 000 €
Siège social : 80 bd Saint-Michel, 75006 Paris
Site Internet : www.jouerbridge.com

Commission paritaire : 1010 K 89626

Directeur de Publication et de la rédaction
Gilles COHEN

Coordination de ce hors série
Brigitte BATTIN, Daniel PALADINO

Ont collaboré à la rédaction
Robert BERTHE, Vincent COMBEAU, Patrice CONTE, Philippe CRONIER, Nicolas DECHELETTE, Claude DELMOULY, Thierry DEPAULIS, Guy DUPONT J-P LAFOURCADE, Alain LÉVY, Patrice MARMION, Daniel PALADINO, Philippe POIZAT, Lionel SEBBANE, Pierre SAPORTA, Jacques SÉLAMÉ.

Imprimé par
Nouvelle imprimerie Laballery - 58500 CLAMECY - N° d'impression : 102084

HS Référence Bridge : ISSN 1158-0704
© POLE - Paris - février 2011 -
Toute représentation, traduction, adaptation ou reproduction, même partielle, par tout procédé, sur quelque support que ce soit, en tout pays, faite sans autorisation préalable, est illicite et exposerait le contrevenant à des poursuites judiciaires (loi du 11 mars 1957).
ISBN : 9782848841212

RÉFÉRENCE BRIDGE

Les chelems

Par l'équipe de *Jouer Bridge*

ÉDITIONS POLE

Sommaire

Le laboratoire du jeu de la carte

Partie 2 : Les chelems à la couleur 85

Magazine

La théorie : déclarer un chelem à l'atout

La pratique

Le laboratoire du jeu de la carte

Le Bridge aux Éditions POLE

Collection Bridgissimo

Testez votre bridge avec un champion (+ jeu fléché offert)	Philippe Soulet
Bridge de combat avec un champion (+ jeu fléché offert)	Philippe Soulet
À grands pas	Robert Berthe
Bridge magique, bridge logique	Pierre Saporta

Collection Le Bridge Français

Université du bridge français, sous la direction de Philippe Cronier
Manuels officiels de la Fédération Française de Bridge
Volume 1 : Initiation
Volume 2 : Prefectionnement enchères
Volume 3 : Perfectionnement du jeu de la carte

Collection Bridge Référence

Les maniements de couleur (HS 6)
Les secrets du jeu de la carte : 1. Le jeu à Sans-atout (HS 7)
Les secrets du jeu de la carte : 2. Le jeu à la couleur (HS 8)
Les chelems (HS 9)
Les secrets du jeu de la carte : 3. La défense (HS 10)

Collection À Vous de Jouer Bridge

Le petit partenaire édition 2010	Philippe Cronier
Tests d'enchères	Philippe Poizat
Tests de jeu de la carte	Cronier - Poizat

Introduction

Demander 6 ou 7SA, les jouer et les gagner promet un pur moment d'extase pour tous les joueurs de bridge. Mais quelle déception quand le chelem a été « empaillé » ou demandé et chuté ! Suivez les conseils de nos experts et maîtrisez les aléas du hasard et de la chance.

Les chelems des champions

Les donnes jouées par les champions sont souvent instructives. Essayons de tirer des leçons sur les chelems à Sans-atout au cours de ce bref rappel historique.

Les joueurs qui écument les tournois par paires vouent un culte sans limite aux contrats (et aux chelems) à Sans-atout ! La mirifique prime de 10 points exerce un attrait qui, parfois, conduit à nommer de mauvais chelems au détriment de bons contrats à la couleur. Les champions ne sont pas insensibles aux attraits de la marque, mais ils utilisent de nombreux critères pour choisir de jouer des chelems à Sans-atout. Protéger l'entame par exemple, ou encore lorsque la séquence d'enchères révèle un danger de coupe dans une couleur longue, ou enfin lorsque les deux mains sont régulièrement distribuées et que les coupes ne peuvent rapporter des levées supplémentaires. Cela n'empêche pas, bien entendu, des dérapages et, même les meilleurs ne sont pas à l'abri des mauvais chelems à Sans-atout. Observons tout cela à travers quelques donnes jouées dans des grands championnats.

Rapide et efficace

Il est d'usage, lorsqu'on veut jouer un chelem à Sans-atout, d'échanger entre partenaires un maximum d'informations pour s'assurer que toutes les couleurs sont bien contrôlées. Dans le match qui les opposait à la Suède en demi-finales de la Bermuda Bowl de 1987, les Britanniques Tony Forrester et Graham Kirby ne s'embarrassèrent pas de ce genre de détails sur la donne 98 !

Ouest	Nord / Sud	Est
	♠A 4 ♥R D V 2 ♦A V 4 ♣R V 10 9	
♠10 9 5 3 ♥7 5 ♦R D 10 9 7 3 2 ♣-		♠8 2 ♥10 9 8 4 3 ♦8 6 ♣8 7 6 4
	♠R D V 7 6 ♥A 6 ♦5 ♣A D 5 3 2	

la séquence

SUD	OUEST	NORD	EST
Armstrong	Göthe	Kirby	Flodqvist
			1 ♦ !
2 ♦	5 ♦	7 SA	Fin

"L'ouverture" de Sven-Olof Flodqvist provenait d'une main de 0 à 7 points (on ne saurait être plus précis !). Le cue-bid indiquait un minimum de cinq cartes à Pique dans une main de 16 points et plus. Le barrage de Hans Göthe donna des ailes à Kirby qui réalisa aisément quinze levées ! La donne ne

provoqua pas d'écart car les Suédois avaient atteint le même contrat après une séquence un peu plus lente. Dans la demi-finale qui les opposait aux Italiennes, les Françaises grignotèrent 2 Imp's en jouant le grand chelem à Sans-atout tandis que leurs rivales l'avaient joué à Trèfle. Le seul swing important fut marqué par l'équipe féminine des USA 2 qui jouèrent 7SA alors que leurs adversaires des USA 1 étaient tombées en panne au palier de 6SA.
La Grande-Bretagne se qualifia pour la finale qu'elle perdit, après un combat héroïque, contre les Américains. Les Françaises, elles, connurent le même sort dans leur finale contre l'équipe des USA 2. Il est vraisemblable que dans un tournoi par paires de niveau élevé, celles et ceux qui auraient choisi de jouer 7♣ ne se seraient guère enrichis sur cette donne.

UN BON REPLI

Durant les phases éliminatoires de ce même championnat, le match opposant les Canadiens aux Vénézuéliens aurait pu apparaître comme un cas d'école pour démontrer l'intérêt de jouer le chelem à Sans-atout quand celui à la couleur peut être mis en danger.

Donne 27

la séquence

SUD	OUEST	NORD	EST
Schoenborn	Caponi	Edgar	Hamaoui
Passe	2 SA	Passe	3 ♣ !
Passe	Passe	6 ♦	Passe
7 ♦	Contre	Fin	

	♠A V 4 ♥R D 4 ♦A D 5 4 3 2 ♣A	
♠ ♥V 7 5 ♦9 7 ♣R V 9 8 7 6 5 2	N O E S	♠R 9 8 7 6 5 3 ♥3 2 ♦V 10 ♣D 10
	♠D 10 2 ♥A 10 9 8 6 ♦R 8 6 ♣4 3	

À la table où les Canadiens jouaient en Nord-Sud, la séquence fut la suivante :
L'ouverture de 2SA pouvait indiquer une main 5-5 en majeures de 6-11 points ou représenter un barrage en mineure. Le Canadien Harmon Edgar avait passé en Nord pour en savoir un peu plus et s'était "réveillé" ensuite pour imposer un petit chelem dans sa couleur. Son partenaire n'eut guère de mal à gravir un palier supplémentaire. Le Contre Lightner de Claudio Caponi offrit une possibilité aux Canadiens de trouver le repli salvateur à 7SA. Ce ne fut pas le cas et Steve Hamaoui n'eut pas trop de mal à découvrir l'entame Pique qui fit chuter le contrat. A l'autre table, les Vénézuéliens avaient nommé le petit chelem à Carreau et le canadien Turner, en Ouest, avait aussi contré pour demander l'entame Pique. Mais cette dernière ne pouvait pas empêcher le contrat de gagner et de rapporter un gros swing aux Sud-Américains. L'histoire ne nous dit pas si Hamaoui aurait découvert l'entame à Pique si son partenaire n'avait pas contré le grand chelem !

Vive la technique

Les chelems à Sans-atout offrent très souvent, à celles et ceux qui les jouent, matière à faire étalage de leur technique. Voici une donne, jouée au cours de la finale des championnats du monde 1991, qui aurait pu permettre au Polonais Balicki de faire étalage de sa maîtrise.

Donne 36

	♠R 10 5 ♥A R D 9 ♦A V 9 ♣D 9 5	
♠4 2 ♥8 3 ♦R 10 7 3 ♣V 10 6 4 2	N O E S	♠D ♥V 7 5 4 2 ♦D 6 4 2 ♣A 7 3
	♠A V 9 8 7 6 3 ♥10 6 ♦8 5 ♣R 8	

En salle ouverte, les Polonais, assis en Nord-Sud, enchérirent ainsi :

la séquence

SUD	OUEST	NORD	EST
Zmudzindski	Arnthorsson	Balicki	Johannsson
		Passe	Passe
1 ♣	Passe	1 ♦	Passe
3 ♠	Passe	4 ♣	Passe
4 ♠	Passe	6 SA	Fin

Les Polonais jouaient le passe forcing. En conséquence, Sud, qui savait que son partenaire possédait 13 points ou plus, ouvrit d'1♣ indiquant une main de 0 à 7 points ou de 7 à 11 points sans singleton ni chicane ! L'enchère d'1♦ en Nord déniait elle aussi une couleur courte. 3♠ montrait une main 7-2-2-2 et, sur le relais à 4♣, Zmudzindski précisa qu'il ne possédait aucun contrôle dans les couleurs rouges. Tout ceci incita son partenaire à conclure au palier de 6SA. L'entame à Carreau aurait-il mis le gain du chelem en péril ? Non ! Car le déclarant, après s'être emparé de la première levée, aurait tiré sept levées de Pique. A cinq cartes de la fin, il aurait conservé dans sa main quatre Cœurs et la Dame de Trèfle. Est, lui, aurait été contraint de conserver quatre cartes à Cœur et de sécher son As de Trèfle. Dès lors, il suffisait de tirer As et Roi de Cœur avant de remettre l'adversaire en main à Trèfle pour le contraindre à se jeter dans la fourchette D9 de Cœur.

En réalité, Balicki n'eut pas à forcer son talent puisque Johannsson entama Cœur et omit de sauter sur son As de Trèfle lorsque le déclarant joua la couleur. La donne rapporta donc 1 Imp au Polonais car, à l'autre table, les Islandais avaient joué le bien meilleur chelem de 6♠. Cela ne les empêcha pas de gagner le match et de remporter, pour la première et la seule fois de leur histoire, le titre de champions du monde.

Le bon palier

En 1993, la Bermuda Bowl se disputait à Santiago du Chili. Durant les matches de poules, le Brésil affrontait le Mexique. La donne suivante offrait aux concurrents l'occasion de choisir le bon palier du chelem à Sans-atout.

Donne 19

♠ D V
♥ A R
♦ A V 8 6 3
♣ A 10 8 4

Ouest	Est
♠ 10 8 6 3	♠ 7 4 2
♥ V 2	♥ D 10 7 5 3
♦ D 9 5 4 2	♦ 7
♣ 7 6	♣ V 9 5 3

♠ A R 9 5
♥ 9 8 6 4
♦ R 10
♣ R D 2

En salle ouverte, les Mexicains étaient en Nord-Sud.

la séquence

SUD	OUEST	NORD	EST
Rosemberg	Amarel	Herrera	Branco
1 SA	Passe	2 ♠	Passe
2 SA	Passe	6 SA	Fin

L'enchère de 2♠ était une sorte de "Stayman" pour découvrir un fit en mineures. La réponse de 2SA l'ayant dénié, Herrera conclut à 6SA. Ouest entama Pique et Rosemberg, après avoir pris l'entame, joua immédiatement Carreau vers le 10 de sa main. L'impasse échoua, mais le contrat ne pouvait plus être battu. Dans l'autre salle, Gabriel Chagas, assis en Nord, fut plus gourmand. Son partenaire ayant ouvert d'1SA, il ne lâcha pas prise avant le palier du grand chelem ! Mello, en Sud, adopta la même ligne de jeu que son homologue et chuta rapidement d'une levée. On observera que si le déclarant joue toutes les cartes dans l'ordre et trouve la Dame de Carreau en Ouest, Est sera soumis à un squeeze Trèfle-Cœur qui procurera une treizième levée. La ligne de jeu adoptée aux deux tables semble néanmoins la plus raisonnable.

Les Brésiliens perdirent ce match, ce qui ne les empêcha pas de se hisser jusqu'en demi-finales où ils affrontèrent la Norvège. Ils étaient en passe de se qualifier pour la finale lorsque, sur la dernière donne, une invraisemblable erreur de flanc leur fit livrer une manche contrée qui devait chuter de trois levées, offrant ainsi la qualification à leurs adversaires !

LES MAUVAIS CHELEMS VALENT LES BONS !

Les "miraculés" norvégiens affrontaient les Hollandais en finale de cette édition du championnat du monde. La réussite semblait toujours avec eux, comme en témoigne la donne 42 où ils choisirent de jouer un bien moins bon chelem que leurs adversaires.

Donne 42

♠ A R 10 5 4
♥ A 10
♦ R D
♣ D V 7 3

Ouest	Est
♠ D V 8 7 3	♠ 9 6
♥ V 8 6 3	♥ D 9 4 2
♦ A 7 5	♦ 10 8 2
♣ 8	♣ 9 5 4 2

♠ 2
♥ R 7 5
♦ V 9 6 4 3
♣ A R 10 6

Les chelems des champions

En salle ouverte, les Hollandais, en Nord-Sud, avaient découvert, après une longue séquence, le bon chelem à 6♣ qui ne pouvait pas chuter même avec les atouts répartis 4-1. En salle fermée, la séquence norvégienne fut différente.

la séquence

SUD	OUEST	NORD	EST
Helgemo	de Boer	Helness	Muller
1 ♦	1 ♠	2 ♣	Passe
3 ♣	Passe	4 SA	Passe
5 ♥	Passe	6 SA	Fin

L'ouverture d'1♦ était, pour le moins, optimiste ! Sur l'appel aux As, la réponse de 5♥ indiquait deux clefs sans la Dame de Trèfle. Il n'y avait pas de solution réellement technique pour gagner 6SA, sauf à trouver les Carreaux répartis 3-3 ou bien le 10 second. La chance était au rendez-vous et ce mauvais chelem rapporta même 2 Imp's aux Norvégiens. En Venice cup, les Allemandes perdirent des points contre les Américaines. L'intervention à 1♠, produite par Ouest, fut contrée et jouée pour 3 levées de chute et un score de 800 en Nord-Sud. A l'autre table, le chelem à Sans-atout n'avait pas été nommé.

LES BONS NE VALENT PAS PLUS QUE LES MAUVAIS !

Terminons cette évocation par une des dernières donnes de ce match où, une fois de plus, la chance n'était pas du côté hollandais, qui jouaient un meilleur chelem que leurs rivaux.

Donne 154

	♠R D 2 ♥R 10 5 2 ♦A R D ♣A D 6	
♠V 10 7 4 ♥V 9 8 ♦V 10 8 5 4 ♣3	N O E S	♠9 6 5 ♥A 7 6 3 ♦7 2 ♣V 10 8 4
	♠A 8 3 ♥D 4 ♦9 6 3 ♣R 9 7 5 2	

En salle ouverte, les Norvégiens avaient joué 6♣, un contrat mort-né, compte tenu de la mauvaise répartition des atouts. La séquence des Bataves leur permit de trouver un chelem qui avait quelques chances de gain.

la séquence

SUD	OUEST	NORD	EST
Leukens	Helgemo	Westra	Helness
			Passe
Passe	Passe	2 ♣	Passe
2 ♦	Passe	2 SA	Passe
3 ♣	Passe	3 ♦	Passe
4 ♣	Passe	4 SA	Passe
6 SA	Fin		

Après avoir pris l'entame Pique en main, Westra joua l'As et la Dame de Trèfle. Découvrant la mauvaise répartition, il poursuivit par Cœur vers la Dame et Cœur vers le 10. Ayant pris la levée avec l'As, Helness rejoua dûment Trèfle pour se mettre à l'abri d'un squeeze final. Il aurait pu aussi refuser le levée de l'As de Cœur pour faire chuter le contrat et Westra aurait, lui, été bien content d'échanger son 5 de Cœur contre le 7 de son adversaire ! La donne ne provoqua donc pas d'écart.

La réussite des Norvégiens n'empêcha pas les Pays-Bas de remporter le match et la couronne mondiale en dépit d'un baroud d'honneur de leurs rivaux au cours des dernières donnes de la rencontre. Une victoire qui couronnait une génération de joueurs jeunes et talentueux.

Ce petit tour d'horizon démontre que même les meilleurs bridgeurs ne parviennent pas toujours à s'orienter convenablement dans la jungle des chelems à Sans-atout. Il faut espérer que les conseils dispensés dans les articles techniques de ce numéro spécial de *Jouer Bridge* aideront les lecteurs à y voir plus clair.

Jacques Sélamé

Coups psychologiques

À travers des exemples vécus, relevés dans différentes épreuves, intéressons-nous aux coups psychologiques. Méfiez-vous de votre premier réflexe et gare aux troubles de la vue !

Prémices d'une collaboration

Duplicate au Club Albarran, Paris, 1974.

♠ 3 2
♥ V 10
♦ A R V 7 6 4 2
♣ 9 8

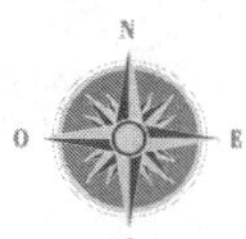

♠ A R 6
♥ A R D
♦ 5 3
♣ A D 5 4 2

Les enchères
(… dans une version modernisée) :

la séquence

SUD	OUEST	NORD	EST
2 ♣*	Passe	2 ♦*	Passe
2 SA	Passe	4 ♣*	Passe
4 SA*	Passe	5 ♣*	Passe
5 ♦*	Passe	6 SA	Fin

*2♣ : fort indéterminé
*2♦ : relais
*4♣ : Texas Carreau
*4SA : naturel, pas de soutien franc à Carreau
*5♣ : Blackwood
*5♦ : 3 clés

Ouest entame du 9 de Cœur. Vous jouez Carreau : la Dame apparaît en Ouest. **Terminez.**

Commentaires

Attention au piège ! Il s'agit de celui qu'avait tendu Michel Lebel, en Ouest, à Pierre Jaïs, en Sud, lors d'un duplicate au Club Albarran, avant qu'ils ne s'associent pour publier, en 1976, leur fameuse *Majeure cinquième* – le best-seller des ouvrages de bridge en France (plusieurs centaines de milliers d'exemplaires après sept rééditions), toujours sur les rayons des libraires sous le titre de *La majeure cinquième nouvelle génération*.

Lebel avait, en effet, instantanément fourni la Dame de Carreau, à la deuxième levée. Imaginant alors que celle-ci devait être sèche, bien des déclarants auraient mordu à l'hameçon et n'auraient pas manqué de prendre du Roi, convaincus de réaliser treize levées. Illusion ! Le contrat ne peut gagner qu'à condition de donner un coup à blanc – pour se prémunir contre un partage 4-0 de la couleur. Sinon, on se trouve limité à trois levées de Carreau, ce qui risque de s'avérer bien insuffisant pour réussir le chelem. A noter que, même si Ouest fournit le 8 de Carreau, le jeu de sécurité consiste à appeler un petit du mort (et non le Valet) –

si une chicane se révèle en Est, on réussira ultérieurement l'impasse à la Dame contre Ouest.

Mais Jaïs avait trop de métier pour tomber dans le panneau et il avait correctement fourni un petit Carreau du mort sur la Dame, pour assurer ses douze levées. Une fructueuse collaboration n'allait pas tarder à voir le jour…

Les quatre jeux

Ouest	Nord / Sud	Est
	♠ 3 2 ♥ V 10 ♦ A R V 7 6 4 2 ♣ 9 8	
♠ D 9 4 ♥ 9 8 6 4 ♦ D 10 9 8 ♣ 10 3	N / O E / S	♠ V 10 8 7 5 ♥ 7 5 3 2 ♦ - ♣ R V 7 6
	♠ A R 6 ♥ A R D ♦ 5 3 ♣ A D 5 4 2	

Le coin du maniementeur

FINALE DU CHAMPIONNAT DE FRANCE PAR PAIRES MIXTES.

Saint-Cloud, 2005.

♠ V 8 5
♥ 7 3
♦ A D 7 4 2
♣ A V 10

N / O E / S

♠ A R D
♥ A R 8 4
♦ 6 5 3
♣ R D 5

Ouest entame de la Dame de Cœur. **Comment jouez-vous ?**

la séquence

SUD	OUEST	NORD	EST
Pilon		Magis	Melle
2 SA	Passe	6 SA	Fin

COMMENTAIRES

Tout se joue à Carreau, où il est impératif de réaliser quatre levées en n'abandonnant qu'une fois la main au flanc, et votre espoir repose sur un partage 3-2 de la couleur, avec le Roi placé. La plupart des déclarants, en techniciens avertis, ont donc adopté un des trois maniements de circonstance : coup à blanc puis impasse au Roi, ou le contraire (moins performant), ou encore Carreau pour l'As, retour en main dans les noires, puis Carreau pour la Dame – ou éventuellement pour un petit du mort, selon l'inspiration du moment !

Mais Dominique Pilon, lui, a trouvé un moyen plus imaginatif d'améliorer ses chances. Il a joué Trèfle pour le Valet à la seconde levée, avant de présenter le 2 de Carreau du mort. Si Est avait fournit petit, le déclarant s'en serait remis ensuite, comme tout le monde, à la place du Roi. Mais à la table, Est a craqué avec son honneur second : il a plongé du Roi, de peur de ne plus le revoir si Sud avait joué vers le Valet de Carreau, supposé dans sa main.

L'effet mystificateur de ce maniement fut radical, et Pilon empocha un top car le chelem avait chuté à la plupart des tables.

Les quatre jeux

	♠V 8 5 ♥7 3 ♦A D 7 4 2 ♣A V 10	
♠9 6 2 ♥D V 10 9 ♦V 10 8 ♣7 6 3	N O E S	♠10 7 4 3 ♥6 5 2 ♦R 9 ♣9 8 4 2
	♠A R D ♥A R 8 4 ♦6 5 3 ♣R D 5	

Guy Dupont

Les enchères quantitatives

Les enchères quantitatives sur les ouvertures à Sans-atout

Les chelems à Sans-atout, dans le cas de jeux réguliers ou semi-réguliers, se demandent "au poids". Il n'y a donc pas de demande d'As (Blackwood) ni d'enchères de contrôle. Voyons cela de plus près.

Il faut au moins 33/34 HL dans la ligne pour déclarer 6SA.
Il faut au moins 37HL pour déclarer 7SA

Comme il faut au moins 33 HL, il sera très rare (voire impossible) que les adversaires aient deux As. Dans le même ordre d'idée, il sera très rare qu'ils aient précisément As et Roi d'une même couleur. Si un tel "accident" arrivait, nous le passerions par profits et pertes

L'ENCHÈRE QUANTITATIVE DE 4SA

Sur l'ouverture d'1SA (15-17 HL), il faut au moins 18 points pour déclarer 6SA.
De 9 à 15 points, le total de 33 ne pouvant être atteint, il faut se contenter de jouer une manche.
Il reste la zone (16-17 HL) où le chelem est possible. Le répondant le proposera par l'enchère naturelle (quantitative) de 4SA. L'ouvreur passe avec 15 ou 16 points quelconques et surenchérit avec 16 beaux points ou 17 HL.

Votre partenaire a ouvert d'1SA, dites 4SA avec, par exemple :

♠ A D 5
♥ R V 4
♦ R 5 4 2
♣ R 10 3

Cette enchère n'est pas une demande d'As, comme nous allons en parler plus loin.

Sur l'ouverture de 2SA, il faut 12 HL pour proposer le chelem. L'ouvreur passe avec 20 points réguliers et surenchérit avec 21 ou 20 et une belle couleur cinquième.

Mais, bien sûr, avant de proposer un chelem par 4SA, le répondant doit s'efforcer de rechercher un fit majeur. Il utilisera le Stayman ou le Texas suivant les cas. Il devra aussi s'attacher à décrire sa distribution du mieux qu'il le peut. S'il découvre un fit majeur, le répondant pourra être amené à vouloir poser un Blackwood. Il faut donc distinguer les cas où 4SA est naturel des cas où 4SA est Blackwood.

Après une ouverture à Sans-atout, 4SA est Blackwood :
- si un fit majeur est établi
- si l'auteur du 4SA a lui-même fait une enchère au palier de 4

Pour qu'un fit soit dit "établi", il faut que les deux partenaires en aient connaissance.

Après un Stayman

Voyons d'abord quelques séquences ou 4SA est naturel (quantitatif) :

Main de Sud

♠ A V 8 7
♥ R 2
♦ D V 6
♣ V 9 5 3

la séquence

SUD	OUEST	NORD	EST
		2 SA	Passe
3 ♣	Passe	3 ♥	Passe
4 SA			

Main de Sud

♠ R D 10 2
♥ A 5
♦ R V 8 7
♣ R 8 5

la séquence

SUD	OUEST	NORD	EST
		1 SA	Passe
2 ♣	Passe	2 ♥	Passe
4 SA			

Main de Sud

♠ A D 5 2
♥ R 5
♦ R D 8 7 2
♣ V 10

la séquence

SUD	OUEST	NORD	EST
		1 SA	Passe
2 ♣	Passe	2 ♥	Passe
3 ♦	Passe	3 SA	Passe
4 SA			

Main de Sud

♠ R D 7 2
♥ A V 7 4
♦ D 3
♣ R V 10

la séquence

SUD	OUEST	NORD	EST
		1 SA	Passe
2 ♣	Passe	2 ♦	Passe
4 SA			

Main de Sud

♠ A R V 8 2
♥ R D 5 4
♦ D 10
♣ 10 9

la séquence

SUD	OUEST	NORD	EST
		1 SA	Passe
2 ♣	Passe	2 ♦	Passe
3 ♥	Passe	3 SA	Passe
4 SA			

Main de Sud

♠ R V 8 7
♥ 8 2
♦ A D
♣ A D 10 8 5

la séquence

SUD	OUEST	NORD	EST
		1 SA	Passe
2 ♣	Passe	2 ♦	Passe
3 ♣	Passe	3 SA	Passe
4 SA			

On remarque que Sud prend soin de nommer sa mineure cinquième avant d'enchérir à 4SA. Nord pourra mieux juger sa main.
La paire pourra éventuellement trouver un fit et jouer à la couleur.

Voyons quelques séquences ou 4SA est Blackwood.

Main de Sud

♠ R V 10 2
♥ R V
♦ R V 9 8
♣ A V 2

la séquence

SUD	OUEST	NORD	EST
		1 SA	Passe
2 ♣	Passe	2 SA	Passe
4 SA			

2SA n'est pas une enchère naturelle mais indique les 2 majeures. Le Fit majeur est donc certain pour les 2 joueurs, même si Nord ne sait pas si l'atout est Pique ou Cœur. 4SA est donc un Blackwood.

Main de Sud

♠ A D 8 7 3 2
♥ R D 4 2
♦ R 2
♣ D

la séquence

SUD	OUEST	NORD	EST
		1 SA	Passe
2 ♣	Passe	2 ♦	Passe
3 ♥	Passe	3 SA	Passe
4 ♣	Passe	4 ♦	Passe
4 SA			

Comment établir le fit majeur après un Stayman ?

Soit en nommant l'autre majeure au palier de 3 ; cette enchère purement artificielle est bien pratique.
Soit en nommant une mineure au palier de 4 (Splinter ou rencontre au choix).

Main de Sud

♠ A D 9 8
♥ A R
♦ R 8 5 2
♣ V 8 3

la séquence

SUD	OUEST	NORD	EST
		1 SA	Passe
2 ♣	Passe	2 ♠	Passe
3 ♥	Passe	4 ♣	Passe
4 SA			

L'enchère de 3♥ est déclic chelem atout Pique. Nord continue à décrire sa main dans l'optique d'un chelem à Pique. 4♣ est une enchère de contrôle et, bien sûr, 4SA est Blackwood.

Main de Sud

♠ R V 8 7
♥ A D 5 2
♦ R D 7 3
♣ 2

la séquence

SUD	OUEST	NORD	EST
		1 SA	Passe
2 ♣	Passe	2 ♠	Passe
4 ♣	Passe	4 ♦	Passe
4 SA			

Attention ! Pour certains, 4♣ est "rencontre" et montrera donc le fit et 5 Trèfles. À vous de choisir votre style.
Si 4♣ est splinter, en disant 4♦, Nord indique qu'il a peu de points perdus à Trèfle .

Main de Sud

♠ A 8 7 2
♥ A D V 5 4
♦ 8 3
♣ R D

la séquence

SUD	OUEST	NORD	EST
		1 SA	Passe
2 ♣	Passe	2 ♥	Passe
3 ♠	Passe	4 ♦	Passe
4 SA			

Sud avait besoin du contrôle Carreau. L'enchère de 3♠ lui a permis de l'entendre. Il peut à présent poser le Blackwood.

Après un Texas majeur

On retrouve les mêmes règles.

Main de Sud

♠ R D 7 5 2
♥ A V 8
♦ R 5
♣ R 8 3

la séquence

SUD	OUEST	NORD	EST
		1 SA	Passe
2 ♥	Passe	2 ♠	Passe
4 SA			

Le fit n'est pas établi. 4SA est quantitatif.

Main de Sud

♠ R 2
♥ R D 9 8 2
♦ D 2
♣ A D 8 3

la séquence

SUD	OUEST	NORD	EST
		1 SA	Passe
2 ♦	Passe	2 ♥	Passe
3 ♣	Passe	3 SA	Passe
4 SA			

Sud nomme sa mineure quatrième avant de dire 4SA naturel.

Main de Sud

♠ R D 8 7 5 4 3
♥ A 8 3
♦ 5
♣ A 8

la séquence

SUD	OUEST	NORD	EST
		1 SA	Passe
2 ♥	Passe	2 ♠	Passe
3 ♣	Passe	3 SA	Passe
4 ♣	Passe	4 ♦	Passe
4 SA			

Sud veut poser un Blackwood, mais il doit d'abord faire une enchère au palier de 4.

Main de Sud

♠ R V 8 7 5
♥ 2
♦ A D 2
♣ R V 6 2

la séquence

SUD	OUEST	NORD	EST
		1 SA	Passe
2 ♥	Passe	3 ♠	Passe
4 SA			

Dans cette séquence ou 3♠ montre un fit quatrième et un beau Sans-atout, 4SA est bien sûr Blackwood.

Nord donneur ouvre d'1SA et Sud fait un Texas majeur. Si Est se manifeste, par exemple en contrant, l'ouvreur n'est plus obligé de rectifier. Si l'ouvreur ne passe pas, c'est qu'il est fitté. Le fit étant établi, un 4SA ultérieur devra être considéré comme Blackwood.

Sur l'ouverture de 2SA, beaucoup de paires ont adopté la rectification fittée. Dans ce cas, 4SA juste après la rectification, est Blackwood et sinon ça reste naturel. C'est une question de système et donc de mise au point.

Une séquence mérite une attention particulière.

Vous avez ouvert d'1SA avec :

♠ 982
♥ RV
♦ R87
♣ ARV52

et la séquence se poursuit :

1 SA 2 ♦
2 ♥ 3 ♦
?

Dire 3SA avec 3 petits Piques est exclu. 3♠ monterait une force à Pique et une faiblesse à Trèfle. Dépasser 3SA ne serait pas raisonnable. Vous devez donc dire 3♥. Cette enchère n'établit pas le fit et ne suffit donc pas à ce que 4SA soit Blackwood.

De la même façon, avec :

♠ 7542
♥ AD
♦ 8732
♣ ARD

1 SA 2 ♦
2 ♥ 3 ♣
?
Il faut dire 3♥.

D'une façon générale, dès qu'il y a le moindre doute, faites d'abord une enchère au palier de 4 si vous voulez que votre 4SA soit interprété comme un Blackwood. Ce sera beaucoup plus facile pour votre partenaire et il vous en saura gré.

O	E
♠V42	♠RD
♥RV	♥A 10986
♦RDV	♦A 1054
♣RV872	♣D 10

la séquence

SUD	OUEST	NORD	EST
	1 SA	Passe	2 ♦
Passe	2 ♥	Passe	3 ♦
Passe	3 SA	Passe	4 SA
Fin			

4SA n'est pas Blackwood et Ouest passe, l'esprit tranquille.

Si Est avait voulu poser un Blackwood, il aurait fait une enchère au palier de 4 avant.

Après un Texas mineur

On doit retrouver les mêmes idées. Avec 16-17 HL, le répondant se décrit du mieux qu'il le peut avant de placer son 4SA quantitatif. Il doit aussi pouvoir faire un Blackwood s'il le veut. Voyons quelques exemples de 4SA quantitatifs.

Main de Sud

♠ A 4
♥ D V 6
♦ R 6
♣ R D 9 6 4 3

la séquence

SUD	OUEST	NORD	EST
		1 SA	Passe
2 ♠	Passe	3 ♣	Passe
4 SA			

4SA est quantitatif. N'oubliez pas de compter les points de longueur. N'ayez pas peur de jouer 6 avec 2 As dehors, on les gagne parfois !

Main de Sud

♠ 9
♥ D 7
♦ R D V 9 5
♣ A R 9 8 7

la séquence

SUD	OUEST	NORD	EST
		1 SA	Passe
2 ♠	Passe	3 ♣	Passe
3 ♦	Passe	3 SA	Passe
4 SA			

4SA directement en face d'une enchère naturelle à Sans-atout est quantitatif.

Main de Sud

♠ 5
♥ A V 7
♦ R D 8
♣ R D 10 8 7 2

la séquence

SUD	OUEST	NORD	EST
		1 SA	Passe
2 ♠	Passe	3 ♣	Passe
3 ♥	Passe	3 ♠	Passe
4 ♣ etc			

Avant de proposer le chelem, Sud a décrit son singleton Pique. Nord pourra mieux juger.

Pour poser le Blackwood, le répondant a une solution et une seule, il doit faire une enchère au palier de 4 avant. Avec un singleton majeur, le répondant le signalera avant de répéter sa couleur au palier de 4.

Main de Sud

♠ A D
♥ V
♦ R D 5 4 3
♣ R V 9 6 2

la séquence

SUD	OUEST	NORD	EST
		1 SA	Passe
2 ♠	Passe	3 ♣	Passe
3 ♦	Passe	3 ♠	Passe
4 ♣ etc			

L'enchère de 3♠ tombe bien pour Sud et la route du chelem est ouverte. Un Blackwood de routine ne coûte rien, mais Sud doit dire 4♣ avant.

Main de Sud

♠ A 9
♥ R 7 3
♦ D V
♣ A R 9 8 7 5

la séquence

SUD	OUEST	NORD	EST
		1 SA	Passe
2 ♠	Passe	3 ♣	Passe
4 ♣ etc			

À la recherche du probable contrôle Carreau.

Face à l'ouverture de 2SA, les Texas mineurs sont réservés aux mains à ambition de chelem. On retrouve un 4SA quantitatif dans la séquence :

2 SA 3 ♠
3 SA 4 SA

L'ouvreur a déjà marqué son manque d'enthousiasme en disant 3SA, il peut maintenant passer avec 20 HL. Attention aussi à la séquence :

2 SA 4 ♣
4 SA

Il y a bien eu une enchère au palier de 4, mais elle n'a pas été faite par l'auteur du 4SA. Ici, 4SA n'est pas Blackwood. L'ouvreur indique une mauvaise main avec 2 ou 3 petits Carreaux.

Daniel Paladino

Les enchères quantitatives sur les redemandes à Sans-atout

Le nombre de points qu'il faut pour déclarer un chelem à Sans-atout ne change pas, même si ces points ne sont pas répartis de la même façon entre les deux mains.

Rappelons donc nos "chiffres clés" :
33 points honneur/longueur pour le petit et 37 pour le grand chelem.
Comme sur les ouvertures à Sans-atout, il y a deux enchères quantitatives : 4SA et 5SA. Ces enchères sont faites à des paliers inutiles et ne peuvent donc être des conclusions. Quant à l'enchère de 2SA, elle sert à proposer la manche et, n'ayant jamais été affublée du qualificatif de quantitatif, elle échappe au traitement d'aujourd'hui.

Nous allons retrouver les mêmes problèmes :
- avec quel genre de main produire l'enchère quantitative ?
- comment différencier un 4SA quantitatif d'un 4SA Blackwood ?

Bien entendu, nous allons retrouver les mêmes mécanismes et les mêmes règles.

Les redemandes à Sans-atout, comme les ouvertures, sont précises tant en force qu'en distribution. Le répondant peut donc s'exercer à son petit travail d'arithmétique.

L'enchère quantitative de 5SA

Cette enchère est si rare que le SEF (notre bible) ne la mentionne même pas ! Rappelons tout de même qu'elle est forcing et propose un choix entre le petit et le grand chelem. Son auteur renonce à la recherche d'un fit majeur, mais la paire n'est pas obligée de jouer à Sans-atout. On peut retrouver un fit mineur au palier de 6 et même au palier de 7.

Dans la séquence :

la séquence

SUD	OUEST	NORD	EST
1 ♦	Passe	1 ♥	Passe
1 SA	Passe	?	

Vous direz 5SA (en Nord) avec :

♠ A D 5
♥ R V 4 2
♦ A R 3
♣ A R 9

Certes, ça n'arrive pas tous les jours mais, de toute façon, on n'a pas d'autre usage pour 5SA. Par ailleurs, on retrouvera ce 5SA avec ce sens de "choisis ton chelem" dans d'autres séquences… alors, autant s'y habituer.

5SA n'est pas un Blackwood aux Rois car il n'y a pas eu de demande d'As ;
5SA n'est pas "Joséphine" car il n'y a pas de couleur d'atout.

L'ENCHÈRE QUANTITATIVE DE 4SA

Là, il y a quand même plus à dire. Le nombre de points qu'il faut pour produire l'enchère quantitative de 4SA dépend bien sûr de la redemande de l'ouvreur. Mais la bonne question est toujours la même : avons-nous 33 points HL à nous deux ? Peut-être ? Alors, c'est l'heure du 4SA quantitatif.

la séquence

SUD	OUEST	NORD	EST
1 ♥	Passe	2 ♣	Passe
2 SA	Passe	?	

Dites 4SA (en Nord) avec :

♠ A 8 5
♥ D 3
♦ R V 9 5
♣ A D 9 2

Votre partenaire passera avec 15 honneurs, dira 6SA avec 17 et devra juger avec 16.

Vous relevez à présent la main suivante :

♠ A 10 9
♥ R V 10 4
♦ A D 4 2
♣ A 3

Votre partenaire ouvre d'1♦ et voici le début de la séquence :

la séquence

SUD	OUEST	NORD	EST
1 ♦	Passe	1 ♥	Passe
1 SA	Passe	?	

C'est à vous.
L'enchère de 3♦ montre classiquement une main irrégulière. Il n'y a pas de gadget particulier pour gérer cette situation. Faisons nos comptes : l'ouvreur est dans la zone 12-14. Avons-nous 33 points à nous deux ? Il semblerait que non, mais... Dans cette séquence, l'ouvreur a toujours au moins quatre cartes à Carreau. Le fit est certain et l'optimisme est de rigueur ; dites 4SA. Il faudra ensuite être assez adroit pour jouer à Carreau si on joue un chelem.

L'enchère de 4SA met fin à la recherche du fit majeur. Comme en face des ouvertures, cette recherche ainsi que la description de la distribution du répondant se fait donc avant.

UN PROBLÈME RÉCURRENT : 4SA, BLACKWOOD OU QUANTITATIF ?

La réponse est toujours la même :
- 4SA est Blackwood si son auteur a lui-même fait une enchère au palier de 4 ;
- 4SA est Blackwood si une couleur d'atout est agréée.

APRÈS LA REDEMANDE À 1SA

L'ouvreur étant dans la zone 12-14, il faut donc 19-20 HL pour produire l'enchère de 4SA. Dans la suite de ce petit exposé, on supposera que la paire pratique le Roudi dit “constant“ à trois réponses seulement. Mais on peut garder les mêmes idées et techniques avec une autre version du Roudi ou même avec un autre relais.

Voyons d'abord quelques mains qui se prêtent à un 4SA quantitatif après un Roudi. Bien entendu, cela suppose que votre partenaire n'a que deux cartes dans votre couleur. Ne comptez 1 point de longueur (L) que si vous avez au moins deux honneurs dans la couleur. Votre partenaire réévaluera tout honneur dans votre couleur longue.

Quelques exemples :

Main de Sud

♠ A D 10 8 7
♥ R V 5
♦ R 2
♣ A V 5

la séquence

SUD	OUEST	NORD	EST
		1 ♦	Passe
1 ♠	Passe	1 SA	Passe
2 ♣	Passe	2 ♦	Passe
4 SA			

Main de Sud

♠ A D 2
♥ R V 10 5 4
♦ A R V 8
♣ V

la séquence

SUD	OUEST	NORD	EST
		1 ♣	Passe
1 ♥	Passe	1 SA	Passe
2 ♣	Passe	2 ♦	Passe
3 ♦	Passe	3 SA	Passe
4 SA			

Main de Sud

♠ R D 8 7 2
♥ A R V 5
♦ R 2
♣ D V

la séquence

SUD	OUEST	NORD	EST
		1 ♦	Passe
1 ♠	Passe	1 SA	Passe
2 ♣	Passe	2 ♦	Passe
3 ♥	Passe	3 SA	Passe
4 SA			

Main de Sud

♠ R V 10 9 7
♥ A D
♦ R 8 5 2
♣ R D

la séquence

SUD	OUEST	NORD	EST
		1 ♣	Passe
1 ♠	Passe	1 SA	Passe
2 ♣	Passe	2 ♦	Passe
3 ♦	Passe	3 ♠	Passe
4 SA			

Le répondant ne doit pas hésiter à décrire une couleur quatrième à Carreau, même en face de l'ouverture d'1♣. L'ouvreur peut avoir quatre cartes à Carreau dans une main 5-4-2-2 avec laquelle il a préféré la redemande à 1SA. De toute façon, il pourra mieux juger de l'efficacité de ses honneurs.

Dans la dernière séquence, 3♠ ne montre pas un fit qui a été nié (on ne retrouve pas une carte par terre) mais indique que l'ouvreur ne peut pas jouer 3SA en face d'un singleton Cœur.

Il y a d'autres séquences qui transitent par le Roudi. Le principe est toujours le même : le répondant se décrit du mieux qu'il le peut avant de dire 4SA.

Même avec une majeure cinquième, il n'y a pas que le Roudi dans la vie. En voici quelques exemples :

Main de Sud

♠ A D 9 2
♥ A D 8 7 3
♦ R V 2
♣ A

la séquence

SUD	OUEST	NORD	EST
		1 ♦	Passe
1 ♥	Passe	1 SA	Passe
2 ♠	Passe	2 SA	Passe
4 SA			

Sud a voulu décrire son bicolore. Nord pourra ainsi réévaluer ses honneurs à Pique.

Main de Sud

♠ D 10
♥ A D 10 8 7
♦ R
♣ A D 10 5 3

la séquence

SUD	OUEST	NORD	EST
		1 ♦	Passe
1 ♥	Passe	1 SA	Passe
3 ♣	Passe	3 SA	Passe
4 SA			

Sud a décrit son bicolore 5-5. Nord n'a que deux cartes à Cœur et donc au moins trois cartes à Trèfle (sauf s'il est 6-3-2-2). Pourtant, 4SA est quantitatif : pas de fit majeur, pas encore de couleur d'atout.

Encore un exemple de quantitatif :

Ouest	Est
♠ V 7 2	♠ A R
♥ R 8 2	♥ A 9 5 4
♦ V 10 3	♦ A R 8 7 5
♣ A R 8 3	♣ 9 2

la séquence

SUD	OUEST	NORD	EST
	1 ♣	Passe	1 ♦
Passe	1 SA	Passe	2 ♥
Passe	3 ♦	Passe	4 SA

3♦ montre trois cartes à Carreau et une faiblesse à Pique. Le fit Carreau semble établi, mais ça n'est pas encore la couleur de l'atout. 4SA est naturel et Ouest passe sagement.

Pour faire un Blackwood, la même technique, encore et toujours…

Ouest	Est
♠ 10 9 6	♠ A R D 8 7
♥ 7 3	♥ A R 9 5 2
♦ A D 10 5	♦ 9 2
♣ A R 10 2	♣ V

la séquence

SUD	OUEST	NORD	EST
	1 ♦	Passe	1 ♠
Passe	1 SA	Passe	3 ♥
Passe	3 SA	Passe	4 ♣
Passe	4 ♦	Passe	4 SA
Passe	5 ♥	Passe	6 ♥
Passe	6 ♠	Fin	

Ouest a voulu signaler qu'il était très mal fitté. Est veut poser son Blackwood. Ouest finit par accoucher de son fit. Tout est bien qui finit bien.

Le cas des auto-fits

la séquence

SUD	OUEST	NORD	EST
1 ♦	Passe	1 ♠	Passe
1 SA	Passe	3 ♠*	Passe
3 SA	Passe	4 SA*	

*3♠ : forcing de manche, au moins six cartes.
*4SA : Blackwood ou quantitatif ?

Franchement pas trop facile à décider. Si le répondant est 6-3-2-2, il aurait pu répondre 2♠ sur 1♦. S'il a une distribution moins régulière, pour quelle raison voudrait-il jouer à Sans-atout ? D'un autre côté, s'il veut faire un Blackwood, il lui suffit de dire 4♣ avant. Décidons donc, pour nous simplifier la vie, que 4SA est naturel et rappelons que dès qu'il a un doute, le postulant à l'usage du Blackwood doit d'abord faire une enchère au palier de 4.

Fit majeur et couleur d'atout

Lorsque nos enseignants (bénis soient-ils !) nous demandent de jouer à l'atout en cas de fit majeur, ils pensent surtout aux fits où chaque partenaire a au moins trois atouts. Ils pourront alors nous concocter des donnes d'application où la coupe du côté court sera reine. En cas de fit 6-2 ou même 7-2, il n'est plus du tout évident qu'il faille absolument jouer à l'atout. Or, le Blackwood est l'outil des chelems à la couleur. Voilà pourquoi on peut imaginer un 4SA quantitatif même avec un fit majeur.

Après les redemandes à 2SA ou 3SA

Sud	Nord
1♦	2♣
2SA (12-14)	

Sud	Nord
1♥	2♦
2SA (15-17)	

Sud	Nord
1♣	1♠
2SA (18-19)	

Sud	Nord
1♦	2♣
3SA (15-17)	

Une enchère immédiate à 4SA est bien sûre quantitative. Le nombre de points dépend de la zone de la redemande, mais le total des deux mains est toujours dans la zone 32-34. Comme d'habitude, le répondant se décrira avant de dire 4SA. Un fit mineur établi ne suffit pas à ce que 4SA soit Blackwood. En voici quelques exemples :

Main de Sud

♠ R 8 7
♥ A D 8 7 5
♦ R 3 2
♣ D 8

la séquence

SUD	OUEST	NORD	EST
		1 ♣	Passe
1 ♥	Passe	2 SA	Passe
3 ♦	Passe	3 SA	Passe
4 SA			

Il n'y a pas de Roudi dans cette séquence. C'est 3♦, l'autre mineure, qui sert à découvrir un éventuel fit 5-3 à Cœur. 4SA est bien sûr quantitatif.

Main de Sud

♠ V 5
♥ R V 8 7
♦ R 3
♣ R V 5 4 2

la séquence

SUD	OUEST	NORD	EST
		1 ♣	Passe
1 ♥	Passe	2 SA	Passe
3 ♣	Passe	3 SA	Passe
4 SA			

Nord-Sud ont un fit neuvième à Trèfle, ce qui permet à Sud de proposer le chelem avec 12 points d'honneurs seulement. S'ils jouent le chelem, il faudra le jouer à la couleur. Mais s'ils ne le jouent pas, autant jouer 4SA.

Main de Sud

♠ A 2
♥ D 3
♦ V 10 8
♣ R D 10 8 7 5

la séquence

SUD	OUEST	NORD	EST
		1 ♥	Passe
2 ♣	Passe	2 SA	Passe
3 ♣	Passe	3 SA	Passe
4 SA			

On retrouve ici l'auto-fit. Pour Nord, 3♣ n'est pas une enchère de chelem mais une recherche de meilleure manche. 4SA est quantitatif. Avec plus de jeu, Sud devrait différer son 4SA.

Main de Sud

♠ A D 5 4 2
♥ R V 8 3
♦ 8 3
♣ A 7

la séquence

SUD	OUEST	NORD	EST
		1 ♦	Passe
1 ♠	Passe	2 SA	Passe
3 ♥	Passe	4 ♦	Passe
4 SA			

Le fit Cœur est établi par l'enchère de 4♦. Nord ne se serait pas permis de dépasser 3SA sans fit majeur et aurait dit 3♠ avec un fit Pique. 4SA est Blackwood.

En résumé

Pour proposer un chelem par l'enchère de 4SA, il faut que le total de 33 HL soit envisageable. Avant de proposer, il faut décrire son jeu et surtout chercher un fit majeur.
Si vous voulez poser un Blackwood, soyez très clair.

Daniel Paladino

4 SA quantitatif ou Blackwood ?

Blackwood ou quantitatif ?
Les dix commandements

L'enchère de 4SA n'est pas toujours facile à interpréter. Les occasions de se tromper sont très nombreuses, même pour une paire qui a longuement travaillé la question.

Blackwood, quantitatif, coup de frein, naturel, écho ou encore tremplin, la distinction entre ces différentes définitions dépend de la nature de la séquence d'enchères, à deux, ou en situation compétitive, qui a précédé l'utilisation de l'enchère de 4SA.

Pour la plupart des joueurs, 4SA est, avant tout, un Blackwood, une simple question aux nombres d'As. Les règles qui suivent vont vous aider à répondre avant tout à la question : **4SA Blackwood ou pas Blackwood ?** Tout en insistant sur la différence entre un Blackwood et une proposition quantitative.

Les cinq premières règles permettent de résoudre la majorité des situations. Il est nécessaire de les connaître parfaitement. Les quatre suivantes traitent des situations moins fréquentes, au cours de séquences moins généralisées.
Quant au dixième commandement, vous allez l'adorer, à condition de ne pas en abuser.

Règle n°1 : **4SA est un Blackwood quand un soutien a été exprimé, ou clairement sous-entendu.**

Comparons ces trois séquences :

a) 1 ♦	1 ♠		b) 1 ♦	1 ♠		c) 1 ♦	1 ♠
3 ♣	4 SA		3 ♣	4 ♣		2 SA	3 ♥
			4 SA			4 ♣	4 SA

Dans la première séquence, aucun soutien n'a été exprimé, alors que le répondant avait tout loisir de soutenir à 3♦ ou à 4♣ ou de répéter ses Piques. L'enchère de 4SA n'est pas un Blackwood (aujourd'hui, il est plus facile de comprendre que, tant qu'on ne trouve pas de soutien, le Blackwood cinq clés n'a pas de sens). Le répondant a trop de jeu pour se contenter de dire 3SA et exprime ses ambitions par une enchère quantitative, un saut à 4SA (à peu près 13H).

Dans la seconde séquence, tout est simple. Le soutien à Trèfle a été exprimé, 4SA est un appel aux As, aux cinq cartes clés, à l'atout Trèfle.

Dans la dernière séquence, il faut comprendre que l'enchère de 4♣ par un joueur qui a déjà décrit une distribution régulière ne peut être naturelle. Elle doit être interprétée comme un contrôle anticipé, avec un soutien de quatre cartes à Cœur, (avec trois cartes à Pique, l'ouvreur peut dire 3♠). Le soutien est clairement sous-entendu et l'enchère de 4SA est un Blackwood à l'atout Cœur.

Règle n°2 : **4SA est quantitatif quand l'enchère suit immédiatement une enchère naturelle à Sans-atout, sauf si un soutien majeur d'au moins huit cartes a été exprimé.**

Magazine
Théorie
Pratique
Jeu de la carte

Cette règle est très importante, incontournable et facile à mémoriser. Elle est indépendante du nombre de tours d'enchères qui précèdent la succession de deux enchères à Sans-atout. Les informations échangées dans les premiers tours d'enchère ont permis de préciser, plus ou moins, en force et en distribution, la main d'un des deux joueurs. Lorsque celui-ci fait une enchère à Sans-atout, aussi bien au palier de un, de deux ou de trois, l'enchère immédiate de 4SA est toujours quantitative.

Exemples :

1 ♣	1 ♦	1 ♦	2 ♣	1 ♦	1 ♥
1 ♥	1 ♠	3 ♦	3 ♥	1 ♠	2 ♣
1 SA	4 SA	3 SA	4 SA	3 SA	4 SA

J'en profite pour rappeler dans quelles zones de points il convient de proposer quantitativement un chelem à Sans-atout. L'enchère de 4SA indique une zone de points assez étroite, trop forte pour conclure à 3SA et insuffisante pour imposer le contrat de 6SA. Pour déclarer un petit chelem à Sans-atout, l'addition des points des deux partenaires doit atteindre la barre des 33 HL, **minimum indispensable** pour obtenir une probabilité de réussite supérieure à la moyenne.

Si l'addition du nombre de points détenus par l'un ajouté à la limite supérieure de ceux promis par l'autre ne peut atteindre 33 HL, il faut renoncer au petit chelem.
Si l'addition du nombre de points détenus par l'un ajouté à la limite inférieure de ceux promis par l'autre atteint déjà 33 HL, il faut imposer le petit chelem.
Dans les cas intermédiaires, il faut informer et consulter le partenaire, dont la zone de points est connue, par une proposition quantitative à 4SA.

Quelques chiffres clés (la zone connue est en gras, à droite) :

18 en face de **12/14**	jamais 33	3SA
18 en face de **15/17**	au moins 33	6SA
19/20 en face de **12/14**	33 possibles	4SA
21 en face de **12/14**	au moins 33	6SA
15 en face de **15/17**	jamais 33	3SA
16/17 en face de **15/17**	33 possibles	4SA
13 en face de **18/19**	jamais 33	3SA
14 en face de **18/19**	33 possibles	4SA
15 en face de **18/19**	au moins 33	6SA
11 en face de **20/21**	jamais 33	3SA
12 en face de **20/21**	33 possibles	4SA
13 en face **20/21**	au moins 33	6SA

Sur la proposition à 4SA, qui est un transfert de capitanat à Sans-atout, le même travail d'addition permet de décider s'il faut s'arrêter là ou continuer jusqu'au chelem.

Règle n° 3 : **la règle 2 est prioritaire sur la règle 1.**

Ce qui revient à dire que même si un soutien en mineure a été exprimé dans les tours d'enchères précédents, la règle 2 est la seule à appliquer, et que 4SA n'est jamais Blackwood derrière une enchère naturelle à Sans-atout.

Exemple :

1 ♣	1 ♠
2 ♣	2 ♦
2 ♠	3 ♣
3 SA	4 SA

Après l'emploi de la troisième couleur forcing, 2♦, 3♣ est un soutien forcing. Le répondant donne ainsi une information importante à l'ouvreur, avant de faire une proposition quantitative.

Remarque : après un soutien majeur, l'enchère de 3SA est toujours conventionnelle et la règle n'a aucune raison de s'appliquer.

Exemple :

1 ♠ 2 ♦
2 ♥ 3 ♥
3 SA 4 SA

L'atout cœur est fixé. L'ouvreur n'a aucune intention de jouer 3SA. 3SA est une enchère conventionnelle et 4SA est un Blackwood.

Règle n° 4 : **4SA est toujours Blackwood quand un joueur fait précéder son enchère de 4SA par une enchère au palier de quatre.**

En intégrant cette règle dans le déroulement des enchères, les risques de mal interpréter l'enchère de 4SA sont sensiblement réduits.

Considérons cette séquence :

1 ♥ 2 ♣
3 ♦ 3 ♥
3 SA 4 SA

Pour l'un, c'est un Blackwood, pour l'autre un quantitatif.
L'enchère de 3 ♥ exprime-t-elle un soutien ou une préférence ?
Pour supprimer toute ambiguïté et poser son Blackwood en toute sérénité, le répondant doit faire précéder l'enchère de 4SA d'une enchère au palier de quatre et choisir, par souci de simplification, l'enchère la plus économique : 4♣.

La séquence devient :

1 ♥ 2 ♣
3 ♦ 3 ♥
3 SA 4 ♣
4 ♦ 4 SA

La règle 4 vient au secours du répondant qui veut poser un BW.
L'application stricte de la règle n°4 soulage l'ouvreur, qui va répondre au Blackwood, à l'atout Cœur.

Règle n° 5 : **4SA est un Blackwood directement en réponse à une ouverture, quel que soit le palier.**

Simple et de bon goût. En face d'une ouverture au palier de un, il est illogique de proposer un chelem à Sans-atout en face d'une main dont la distribution et la force est soumise à des variations extrêmes. Faire une proposition quantitative en face d'une ouverture de barrage n'a pas beaucoup plus de sens. Le Blackwood direct permet d'éviter des interventions contrariantes.

Ainsi, si le partenaire ouvre :
1♣, 1♦, 1♥ ou 1♠, la réponse de 4SA est un Blackwood.
4SA est aussi Blackwood en réponse à une ouverture de barrage.

Règle n° 6 : **4SA est un Blackwood sur toutes les redemandes à saut en majeure de l'ouvreur, au palier de trois ou de quatre.**

La raison de cette règle est l'impossibilité pour le répondant d'exprimer à ces paliers un soutien forcing.

Exemple :

1 ♠ 2 ♣
2 ♠ 3 ♦
4 ♠ 4 SA

A ce palier, c'est évident. Aucun soutien n'a été exprimé, mais deux cartes à Pique suffisent maintenant pour avoir trouvé un atout neuvième. Une proposition quantitative en face d'un unicolore septième, qui pourrait conduire à jouer un contrat curieux de 4SA, serait incohérente.

1 ♠ 2 ♣
3 ♠ 4SA

Plus délicat, parce qu'aucune des deux interprétations n'est ridicule. L'application de la règle n°6 résout des débats interminables : 4SA est Blackwood.

Règle n° 7 : **4SA est quantitatif directement derrière l'emploi de la quatrième couleur forcing.**

L'emploi de la quatrième couleur forcing et ses développements est un vaste sujet technique, qui demande un gros travail pour être maîtrisé. Il faut comprendre qu'aucun soutien n'est jamais découvert avec certitude avant la troisième enchère du répondant.

Penons une séquence simple :

1 ♣ 1 ♦
1 ♠ 2 ♦
2 ♥ 4 SA

Penser qu'un soutien à Cœur a été exprimé serait une grave erreur. En vérité, l'ouvreur peut n'avoir que deux cartes à Cœur et le répondant quatre. Du coup, l'enchère de 4SA suit la logique de la règle n°1, ce n'est pas un Blackwood mais un quantitatif, et ceci est vrai quelle que soit la troisième enchère de l'ouvreur.

Quelques exemples :

1 ♥ 1 ♠ 1 ♥ 1 ♠ 1 ♥ 1 ♠
2 ♣ 2 ♦ 2 ♣ 2 ♦ 2 ♣ 2 ♦
2 ♥ 4 SA 2/3♠ 4 SA 3 ♣ 4 SA

Remarque : il existe une situation où les règles 6 et 7 sont en contradiction.

Exemple :

1 ♥ 1 ♠
2 ♣ 2 ♦
3 ♥ 4 SA

Quelle règle choisir ? La règle n° 6 sur la répétition de la majeure à saut, ou la règle n° 7 après la 4ème forcing ? En théorie, la règle n° 7, parce que pour poser le Blackwood le répondant peut faire précéder son enchère par celle de 4♦ (application de l'incontournable règle n° 4).

Règle n° 8 : **4SA est quantitatif pour l'ouvreur de 2SA, ou plus, sur l'expression d'une couleur mineure au palier de quatre.**

Le mot quantitatif est un peu impropre. Il s'agit avant tout de comprendre que ce n'est pas un Blackwood, mais un coup de frein (une évaluation quantitative à la baisse).

Quelques exemples classiques, mais techniques :

a) 2 SA 4 ♣*
4 SA

b) 2 SA 3 ♣
3 ♠ 4 ♦*
4 SA

c) 2 SA 4 ♥*
4 SA

*4♣ : Texas Carreau. 4SA = minimum, peu fitté.
*4♦ : naturel avec quatre cartes à Cœur, inférence du Stayman. 4SA = coup de frein.
*4♥ : bicolore mineur, neuf cartes. 4SA = pas intéressé.

Règle n° 9 : **sans avoir été précédé d'une enchère de soutien, 4SA n'est jamais Blackwood en situation compétitive à haut palier, sauf en face d'une ouverture de barrage.**

Ce chapitre déborde un peu de notre étude. Si les enchères quantitatives en compétitives à haut niveau n'existent pas, le problème à résoudre reste la question "Blackwood ou pas Blackwood ?". Cette règle n° 9 sera très utile à tous ceux qui ne sont pas très habitués à se défendre contre des barrages en cours de séquence.

Voici quelques situations à connaître :

1♦ 1♠ Contre 4♠
4 SA

1♠ 2♣ 4♠ 4SA

1♥ 1♠ 2♦ 4♠
4SA

1♦ 4♠ 4SA

1♠ Contre 4♠ 4SA

Dans toutes ces séquences, et des dizaines d'autres, l'enchère de 4SA a pour objectif premier de **"rechercher le meilleur contrat, donc le meilleur atout, au palier de cinq"**

Règle n° 10 : **si la situation n'a pas été prévue, dans le doute, l'enchère de 4SA sera interprétée comme un Blackwood.**

J'espère qu'avec les 9 règles qui précèdent, vous ne serez plus pris de court par l'interprétation de l'enchère de 4SA. Mais il reste quelques cas complexes et rares, qui n'ont pas été prévus. Dans ces cas, l'accident sera moins grave en répondant au Blackwood, une convention beaucoup plus fréquemment utilisée que le 4SA quantitatif.

Pour vérifier que vous avez compris et retenu ces règles, quelques exercices d'application, avec les solutions en conclusion.

1) 1 SA 2♣
2♥ 4 SA

2) 1 SA 2♦
2♥ 4 SA

3) 1♠ 2♣
2♠ 3♠
3 SA 4 SA

4) 1♣ 1♥
1♠ 3♣
3 SA 4 SA

5) 1♦ 4 SA

6) 1♦ 1♥
3♦ 4 SA

7) 1♠ 2♣
2♠ 4 SA

8) 1♠ 2♣
3♠ 4SA

9) 1♣ 1♥
1♠ 2♦
2♥ 3♣
3 SA 4 SA

10) 1♠ 2♣
2♥ 3♦
3 SA 4♣
4♦ 4SA

11) 1♣ 1♥
1♠ 2♦
2♥ 4 SA

12) 2SA 3♣
3♥ 4♦
4 SA

13) 1♦ 1♠ Contre 4♠
4 SA

4) 1♦ 1♠
2♥ 2♠
3 SA 4♦
4 SA

Commentaires

1) Quantitatif
Pas de soutien exprimé, ni clairement sous-entendu. Le seul moyen, pour le répondant, d'indiquer une main de 16/17 H avec quatre cartes à Pique.
Exemple : ♠ AD96 ♥ R2 ♦ RD63 ♣ DV2.
Pour exprimer un soutien forcing à Cœur, le répondant dispose d'enchères de rencontre, 3♠, 4♣ ou 4♦.

2) Quantitatif
2♥ n'exprime pas nécessairement un soutien. Le répondant décrit une main régulière, avec cinq cartes à Cœur et 16-17 HL.
Exemple : ♠ A10 ♥ RV987 ♦ AV3 ♣ R94

L'ouvreur a quatre options :
Passe : minimum sans soutien.
5♥ : minimum avec trois cartes à Cœur.
6♥ : maximum avec trois cartes à Cœur
6 SA : maximum sans soutien.

3) Blackwood
Règle n° 1 : après l'expression d'un soutien majeur, 4SA est Blackwood. Pour mémoire, l'enchère de 3SA n'est pas naturelle, mais un OUI MAIS !

4) Quantitatif
Règle n° 3 : priorité de la règle n° 2 sur la règle n° 1 après un soutien mineur. Le répondant décrit une main régulière ou semi-régulière, de 18/19 HL.

Exemple : ♠ R4 ♥ AD83 ♦ R7 ♣ RD972
Minimum pour 6SA, plein d'espoir pour 6♣.

5) Blackwood
Règle n° 5. Une bonne règle pour éviter tout quiproquo, indiscutable après une ouverture majeure (aussi bien 1♠, 2♠, 3♠, 4♠), mais qu'il vaut mieux préciser, avec son partenaire, sur les ouvertures d'1♣ ou d'1♦. Il est intéressant d'avoir une enchère quantitative directe sur ces deux ouvertures avec une distribution 4-3-3-3 de 18-19 H et exactement quatre cartes dans la mineure de l'ouvreur. Mais pour généraliser la règle, je vous conseille d'utiliser 4SA comme un Blackwood avec, bien sûr, une main très distribuée, et de sauter au palier de quatre dans l'autre mineure pour décrire la main 18/19 H régulière.

Exemples :

♠ 2 ♥ 3 ♦ RDV965 ♣ ARD94	1 ♦	4 SA
♠ RD5 ♥ AV3 ♦ RD86 ♣ RV2	1 ♦	4 ♣

6) Quantitatif
Règle n°1. Une main régulière de 15-16 H. Pour poser le Blackwood à Carreau, il est facile de le précéder d'un soutien forcing à 4♦.

7) Quantitatif
Règle n° 1. Une main régulière avec deux cartes à Pique et 18-20 H.

8) Blackwood
Règle n° 6. Le répondant n'a pas la place d'exprimer un soutien forcing, ce qui est le cas sur des enchères en majeure de l'ouvreur au palier de 3 ou de 4 ; 4SA devient Blackwood.

Dans la séquence :
1 ♠ 2 ♦
3 ♥ 4 SA = Blackwood à l'atout Cœur (avec un soutien à Pique il y a la place de dire 3♠).

9) Quantitatif

Règle n° 3 et même règle n° 1. De fait, il n'y a pas de certitude d'avoir découvert un soutien huitième. Le répondant n'est pas intéressé par le soutien de trois cartes à Cœur, confirmé par l'enchère de 3SA, qu'il aurait pu solliciter par une répétition de la quatrième couleur, 3♦, ou par l'enchère déclic de 3♥. Il a décrit une main régulière de 18/19 H, avec quatre Cœurs et quatre Trèfles.

10) Blackwood
Règle n° 4. Le répondant a fait précéder son enchère de 4SA par une enchère au palier de 4. L'atout présumé est l'atout Trèfle, pour les réponses au Blackwood, même s'il est possible que le contrat final soit à Sans-atout.

11) Quantitatif
Règle n° 7. Logique, puisqu'il n'y a pas de fit huitième connu.

12) Quantitatif
Règle n° 8. Les notions de coup de frein et de quantitatif sont très liées. Ici, 4SA montre une ouverture sans plus-value, car sans soutien.

13) Tremplin ou "à suivre"
Règle n° 9. Pas de Blackwood en situation compétitive. L'ouvreur recherche le meilleur atout à jouer au palier de 5 ou de 6.

14) Règle n°10. Je ne sais pas, je ne suis pas sûr, donc je réponds au Blackwood.

Alain Lévy

Développements après un 4SA quantitatif

Vous avez reconnu le 4SA de votre partenaire comme quantitatif. C'est bien, mais maintenant comment faut-il réagir ?

Il faut d'abord juger sa main. Avez-vous une main faible ou forte ?
Les mots "faible" et "fort" sont des comparatifs. C'est par rapport à ce que vous en avez déjà dit que vous devez évaluer votre main.

Il faut donc apprendre à juger les mains moyennes.
Les mains de 13 points pour l'ouvreur qui a fait une redemande à 1SA. Les mains de 16 pour l'ouvreur de 1SA.

Quelques éléments de jugement

Le fit : n'oubliez pas de compter les points de distribution. Le plus souvent, le simple fait d'être fitté doit vous pousser à décider que votre main est forte.

La distribution : la distribution 4-3-3-3 est la plus mauvaise et dévalue la main. Pour une bonne couleur cinquième (*a fortiori* sixième) il faut compter plus qu'un point L car le fit est presque certain. Dans la pratique, dès que votre couleur cinquième comporte 2 honneurs, il faut considérer la main comme forte.

La qualité et l'emplacement des honneurs : réévaluez les As, les 10 et même les 9 ; réévaluez les honneurs groupés ; réévaluez les honneurs dans une couleur nommée par votre partenaire. Il faut, vous le savez déjà, dévaluer les petits honneurs (Dame et Valet) dans les couleurs non nommées.

Avec un jeu faible, l'ouvreur se contentera le plus souvent de passer.

O	E
♠ R D 5 2	♠ A 4
♥ R V 4	♥ A 10 8 7
♦ R D 5	♦ A V 2
♣ D 5 4	♣ R 9 8 7

la séquence

SUD	OUEST	NORD	EST
	1 SA	Passe	2 ♣
Passe	2 ♠	Passe	4 SA

Ouest a 16 mauvais points 4-3-3-3 sans As ni 10. Est-Ouest ne sont pas en danger à 4SA. Il peut aussi signaler un jeu faible mais fitté. Le contrat sera souvent meilleur :

O	E
♠ D 5 4	♠ A V 9 8 7
♥ V 5	♥ A 3 2
♦ A R V 2	♦ D 4
♣ R V 7 3	♣ A 8 2

la séquence

SUD	OUEST	NORD	EST
	1 SA	Passe	2 ♥
Passe	2 ♠	Passe	4 SA
Passe	5 ♠		

Magazine
Théorie
Pratique
Jeu de la carte

Ouest a un jeu faible mais il a aussi un fit non encore exprimé. 4SA est en danger sur entame Cœur. 5♠ est meilleur.

S'il a un jeu fort, l'ouvreur reparle. La paire doit alors s'ingénier à trouver un fit. Il y a 33-34 points dans la ligne. Dans cette zone limite, le chelem sera souvent meilleur à l'atout grâce à la coupe du côté court en particulier. Il faut y penser même en tournoi par paires.

L'OUVREUR CONNAÎT UN FIT

Il bondit au chelem dans la couleur du fit.

O	N / S	E
♠A 3 2		♠R D V 8 7
♥R 4		♥A 3 2
♦A R 5 4		♦8 7 3
♣R 9 8 7		♣A V

la séquence

SUD	OUEST	NORD	EST
	1 SA	Passe	2 ♥
Passe	2 ♠	Passe	4 SA
Passe	6 ♠	Fin	

6SA est un bon chelem, mais 6♠ est encore bien meilleur.

O	N / S	E
♠V 2		♠A R 8 7 4
♥R 10 5		♥A 2
♦A D V 2		♦8 7
♣A V 10 7		♣R D 9 8

la séquence

SUD	OUEST	NORD	EST
	1 SA	Passe	2 ♥
Passe	2 ♠	Passe	3 ♣
Passe	3 SA	Passe	4 SA
Passe	6 ♣	Fin	

Ouest ne pouvait pas fitter Trèfle avant car il ignorait les velléités de chelem d'Est. 6♣ est excellent et 6SA médiocre.

L'OUVREUR NE CONNAÎT PAS (ENCORE) DE FIT

Avec une mineure sixième, main atypique mais autorisée, l'ouvreur la nomme au palier de 6. Le répondant choisit d'en rester là ou de transformer en 6SA.

O	N / S	E
♠R D 3		♠A V 10 8
♥R 7		♥A 3 2
♦R V 10 4 3 2		♦D 9
♣R 5		♣A V 10 3

la séquence

SUD	OUEST	NORD	EST
	1 SA	Passe	2 ♣
Passe	2 ♦	Passe	4 SA
Passe	6 ♦	Passe	6 SA

Ouest a signalé sa couleur sixième. Est n'ayant pas de valeur de coupe, préfère 6SA.

O	N / S	E
♠A D		♠8 5 4 2
♥A D		♥R 9 7 5
♦D 8 2		♦A R
♣D V 9 8 6 2		♣A 5 4

la séquence

SUD	OUEST	NORD	EST
	1 ♣	Passe	1 ♥
Passe	2 SA	Passe	4 SA
Passe	6 ♣	Fin	

Ici, au contraire, le chelem doit être joué à Trèfle. Même en tournoi par paires.

Avec une mineure cinquième.
Si le début de la séquence montre que la couleur ne peut pas être sixième, l'ouvreur la nomme au palier de 6. Sinon, l'ouvreur commence par la nommer au palier de 5 et la répète au palier de 6.

Comme d'habitude, c'est le répondant capitaine qui choisit le chelem.
Là encore, la coupe du côté court fait toute la différence.

♠R 5 4	♠A 2
♥D 4 2	♥A 9 8 3
♦R 9	♦A D 4 2
♣A R V 9 8	♣D 7 3

la séquence

SUD	OUEST	NORD	EST
	1 SA	Passe	2 ♣
Passe	2 ♦	Passe	4 SA
Passe	5 ♣	Passe	5 ♦
Passe	6 ♣	Fin	

♠10 9 2	♠A R D
♥R 3	♥A V 10 7 5
♦A D 9 5 2	♦V 10
♣R V 7	♣A 8 3

la séquence

SUD	OUEST	NORD	EST
	1 ♦	Passe	1 ♥
Passe	1 SA	Passe	2 ♣
Passe	2 ♦*	Passe	4 SA
Passe	5 ♦	Passe	6 SA

*2♦ : 2 cartes à Cœur sans indication de force.

♠R 10	♠A 7 5 3
♥R V 5 2	♥A 8
♦A D 5 3 2	♦R V 8
♣D 7	♣A V 4 3

la séquence

SUD	OUEST	NORD	EST
	1 SA	Passe	2 ♣
Passe	2 ♥	Passe	4 SA
Passe	6 ♦	Fin	

L'ouvreur a réussi à décrire son ouverture atypique (5-4-2-2). 6♦ est bien meilleur que 6SA.

Avec une (ou 2) mineure(s) quatrième(s).
L'ouvreur nomme la plus économique. Le répondant peut lui aussi nommer une mineure (technique de type "Baron"). Si la paire trouve un fit, c'est tant mieux et, sinon, il est toujours temps de conclure à 6SA.
Est-Ouest ont trouvé un fit 4-4. 6♦ est bien meilleur que 6SA.

♠R D 5	♠A 10
♥A 2	♥R D 8 7
♦A V 9 5	♦R D 10 5
♣R 7 5 2	♣D 8 3

la séquence

SUD	OUEST	NORD	EST
	1 SA	Passe	2 ♣
Passe	2 ♦	Passe	4 SA
Passe	5 ♣	Passe	5 ♦
Passe	6 ♦	Fin	

Ouest	Est
♠ D V 2	♠ A 5 4
♥ R 2	♥ A 9 7 6
♦ A D 8 5	♦ R 3
♣ A R 7 3	♣ D V 9 8

la séquence

SUD	OUEST	NORD	EST
	1 ♦	Passe	1 ♥
Passe	2 SA	Passe	4 SA
Passe	5 ♣	Passe	6 ♣

Ouest	Est
♠ A 8 2	♠ R D 4 3
♥ A 5 4	♥ R 8
♦ R D V	♦ A 10 5 4
♣ A R 10 8	♣ 9 7 3

la séquence

SUD	OUEST	NORD	EST
	2 SA	Passe	3 ♣
Passe	3 ♦	Passe	4 SA
Passe	5 ♣	Passe	5 ♦
Passe	6 SA	Fin	

Un bon chelem. Même si la meilleure ligne de jeu ne semble pas si évidente.

On peut jouer de la même façon dans la séquence :

2 ♣   2 ♦
2 SA

On remarque que, dans la plupart des séquences, les enchères disponibles ne sont pas toutes utilisées. Il est donc possible, moyennant un sérieux travail, de mettre au point un système plus sophistiqué.

Par exemple, dans la séquence :

1 SA   2 ♣
2 ♦   4 SA

On peut préciser le sens des enchères de 5 ♥, 5 ♠ et 5 SA.

Attention, il est toujours possible d'améliorer, mais encore faut-il maîtriser son système.

Daniel Paladino

L'enchère de 5 SA

5SA est une enchère qu'on n'utilise pas tous les jours. Toutefois, elle peut se révéler très utile, voire indispensable, dans certaines situations.

Voici ses principales significations :

Après un Blackwood à 4SA

C'est la signification la plus classique, l'appel aux Rois. En vérité, l'enchère se décode plutôt ainsi : "il ne manque pas d'As (ou de clés). Pouvez-vous nommer le grand chelem ? Si vous ne pouvez pas, déclinez vos Rois."

*5SA : il ne manque pas de clés
*7♣ : "Je m'occupe des levées". Une réponse de 5♦ (un Roi) serait de peu d'utilité pour Sud.

Nord
♠ 10 5 3
♥ V 2
♦ A 6
♣ R D V 10 7 5

Sud
♠ A R D 9 7 2
♥ A 7 3 2
♦ 7
♣ A 4

la séquence

SUD	OUEST	NORD	EST
1 ♠	Passe	2 ♣	Passe
2 ♥	Passe	4 ♠	Passe
4 SA	Passe	5 ♦	Passe
5 SA*	Passe	7 ♣*	Passe
7♠ (7SA)	Fin		

À la place de 4SA

Il n'est pas rare qu'un joueur se retrouve au palier de cinq sans avoir pu poser le Blackwood. C'est 5SA qui devient alors Blackwood.

*5♣ : sans contrôle Carreau, un Blackwood ferait un peu "désordre".
*5SA : Blackwood 5 clés
*6♣ : 3 clés ou 0
*6♦ : Dame d'atout ?
*6SA : oui, sans Roi annexe

Nord
♠ A 10 8 7 6
♥ R
♦ 7 5 3
♣ A R 4 2

Sud
♠ R D 9 5
♥ A D V 6 5
♦ A V
♣ V 6

la séquence

SUD	OUEST	NORD	EST
1 ♥	Passe	1 ♠	Passe
4 ♠	Passe	5 ♣*	Passe
5 ♦	Passe	5 SA*	Passe
6 ♣*	Passe	6 ♦*	Passe
6 SA*	Passe	7 ♠	Fin

La convention Joséphine

C'est une convention qui est moins utilisée quand on joue le Blackwood 5 clés. L'enchère de 5SA, non précédée du Blackwood, demande au partenaire de déclarer le grand chelem avec deux des trois gros honneurs d'atout.

*5SA : « Avez-vous deux gros honneurs à Pique ? »
*7♠ : « Oui. Pourquoi ? »

Nord :
♠ A D 9 5
♥ R 6 5
♦ 10 2
♣ V 9 5 4

Sud :
♠ R 8 7 4 2
♥ -
♦ A R D V 9
♣ A R 2

la séquence

SUD	OUEST	NORD	EST
1 ♠	Passe	3 ♠	Passe
5 SA*	Passe	7 ♠*	Fin

Le Baron obligatoire

Voici maintenant un usage très utile et assez peu connu de l'enchère de 5SA. Après une annonce naturelle à Sans-atout ou après un Stayman :
- 4SA est quantitatif et déclenche un processus facultatif de Baron.
- 5SA impose le chelem et déclenche un processus obligatoire de Baron.

*5SA : « Avez-vous une mineure quatrième ? »
*6♦ : « Oui. Les Carreaux »

Le meilleur chelem est atteint (6SA n'a pratiquement aucune chance).

Nord :
♠ A 8 7 6
♥ A 4
♦ R D 5 4
♣ R D 3

Sud :
♠ R 5
♥ D 8 7 5
♦ A V 10 8
♣ A V 9

la séquence

SUD	OUEST	NORD	EST
1 SA	Passe	2 ♣	Passe
2 ♥	Passe	5 SA*	Passe
6 ♦*	Fin		

Un second exemple :

*5SA : « Nommez-votre première mineure quatrième, SVP »
*6♣ : « J'ai les Trèfles. »
*6♦ : « Seuls les Carreaux m'intéressent »
*Passe : « Veinard ! Je les ai aussi. »

Nord :
♠ D 7 6 5
♥ D 8 6
♦ A V 5 4
♣ A 8

Sud :
♠ A R V
♥ R 3
♦ R D 10 2
♣ R V 5 4

la séquence

SUD	OUEST	NORD	EST
2 SA	Passe	3 ♣	Passe
3 ♦	Passe	5 SA*	Passe
6 ♣*	Passe	6 ♦*	Passe
Passe*			

Un contrat bien supérieur à 6SA.

L'enchère de 5 SA

Après un départ 2♦ 3♣ ou 2♦ 3♦

Quand l'ouvreur de 2♦ forcing de manche apprend que son partenaire possède un As mineur, il décrit un jeu régulier en annonçant les Sans-atout au palier adéquat :

3SA : 24-25 HL (non forcing)

4SA : 26-27 HL

5SA : 27-28 HL

Le camp continue à jouer ses conventions habituelles (Texas, Stayman ou Baron) décalées dans l'espace.

♠ V 6 5
♥ 10 8 6 5
♦ A 8 7 6
♣ 6 5

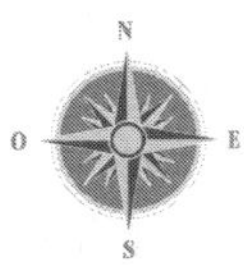

♠ A R 4
♥ A R 9 3
♦ R D
♣ A R D 2

la séquence

SUD	OUEST	NORD	EST
2 ♦	Passe	3 ♦	Passe
5 SA*	Passe	6 ♣*	Passe
6 ♥*	Fin		

*5SA : jeu régulier 28-29HL

*6♣ : Baron

*6♥ : quatre Cœurs et pas quatre Carreaux

Cela vous paraît un peu lourd ? J'en conviens volontiers mais c'est le système

En enchères compétitives

L'enchère de 5SA est, de temps en temps, utilisée pour donner un choix entre les deux mineures.

♠ V 6
♥ R 4
♦ A 8 7 5
♣ D 10 7 6 4

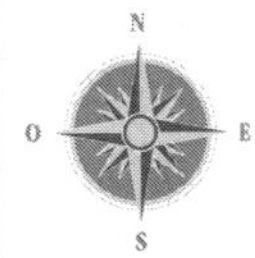

♠ -
♥ A D V 6 3
♦ R 9 4 2
♣ A V 9 2

la séquence

SUD	OUEST	NORD	EST
1 ♥	2 ♠	Contre	5 ♠
5 SA*	Passe	6 ♣	Fin

*5SA : choisis ton chelem mineur.

Pierre Saporta

Magazine

Théorie

Pratique

Jeu de la carte

Chelems à Sans-atout nommés en comptant les levées

Magazine

Théorie

Pratique

Jeu de la carte

Compter jusqu'à 12 !

Tous les chelems à Sans-atout ne sont pas enchéris quantitativement, avec ce minimum bien connu de 33 H. Dans ce cas, d'ailleurs, on obtient un bon résultat statistique, mais aucune certitude. Comment déclarer un chelem à Sans-atout sur le compte des levées ?

Il est préférable de pouvoir compter douze levées, ce qui est relativement facile quand au moins un des deux joueurs a nommé une longueur sixième ou septième. Nous étudierons également les situations dans lesquelles cette notion de longueur permet de jouer à Sans atout, même après avoir trouvé un soutien.

Un joueur a annoncé une longueur

- après une ouverture de barrage en mineure :

En face d'une ouverture de 3♦ vulnérable, vous pouvez conclure à 6SA avec :

♠ A R D V
♥ R 7
♦ R 9 6 5
♣ A 6 3

3 ♦ Passe 6 SA

Il est facile de compter douze levées : quatre levées de Pique, sept Carreaux et l'As de Trèfle.

- après une ouverture de 2♣ fort indéterminé de type ACOL :

Ouest	Est
♠ 2	♠ A 9 7
♥ R 3	♥ A 8 6 4
♦ R D 9	♦ A 10 5
♣ A R V 10 9 6 5	♣ 8 7 3

la séquence

SUD	OUEST	NORD	EST
	2 ♣	Passe	2 ♦
Passe	3 ♣	Passe	4 ♣
Passe	4 SA	Passe	5 ♣
Passe	7 SA	Fin	

L'enchère clé est le soutien à 4♣. Après, l'ouvreur compte treize levées sur le bout de ses doigts.

- après un changement de couleur avec saut en réponse à l'ouverture :

Ouest	Est
♠ 3	♠ A R D V 10 9 7
♥ R 9 5	♥ 8 4
♦ A 10 8 7 5 2	♦ R D 4
♣ A V 3	♣ D

la séquence

SUD	OUEST	NORD	EST
	1 ♦	Passe	2 ♠
Passe	3 ♦	Passe	3 ♠
Passe	3 SA	Passe	4 ♦
Passe	4 ♥	Passe	4 SA
Passe	5 ♥	Passe	6 SA

La main de l'ouvreur (Ouest) :

♠ AV8742
♥ RD
♦ 93
♣ R62

L'ouvreur ne doit pas répéter une couleur commandée par un Valet dans cette séquence. Le répondant compte douze levées et 6SA est plus sûr que 6♦ puisqu'il est possible de surmonter un très mauvais partage des atouts.

Pour jouer de la bonne main

Même après avoir trouvé un soutien, il est préférable de jouer de la main possédant un Roi non protégé. A condition de bien compter douze levées.

Exemple :

Main d'Est

♠ RD6
♥ A76
♦ R4
♣ ADV74

la séquence

SUD	OUEST	NORD	EST
	1 ♠	Passe	2 ♣
Passe	2 ♠	Passe	3 ♠
Passe	4 ♣	Passe	4 ♦
Passe	4 ♥	Passe	4 SA
Passe	5 ♦	Passe	6 SA

4♣ garantit un honneur, donc le Roi, et une qualité d'atout convenable. 4♥ peut être un singleton, mais, dans ce cas, Sud qui n'a pas nommé de bicolore, a six cartes à Pique. Dans les deux cas, on compte douze levées.

Pour compenser une faiblesse à l'atout

Un exemple (légèrement modifié) issu du dernier Championnat de France en DN1.

La main de Nord :

♠ A854
♥ A3
♦ AD10987
♣ R

la séquence

SUD	OUEST	NORD	EST
		1 ♦	Passe
1 ♠	Passe	4 ♦*	Passe
4 SA	Passe	5 ♦	Passe
5 ♥*	Passe	5 ♠	Passe
5 SA	Passe	6 ♣*	Passe
6 SA	Fin		

*4♦: décrit une main de manche avec six Carreaux et quatre Piques.
*5♥ : question à la Dame d'atout ; 5♠ : non, je ne l'ai pas.
*6♣ nomme le Roi de Trèfle. Sud compte douze levées. 6♠ chutent si les atouts sont 4-1.

La main de Sud, Christian Mari :

♠ R762
♥ R108
♦ RV2
♣ A93

Après un Contre Lightner

Quand le partenaire de l'entameur contre un petit chelem à la couleur déclaré en attaque, il demande une entame particulière, souvent au nom d'une chicane. Il faudra penser à se réfugier au contrat de 6SA.

Exemple :

La main de Sud

♠ R D 3
♥ R 10 7 3
♦ R
♣ A D 9 7 4

la séquence

SUD	OUEST	NORD	EST
		1 ♥	Passe
2 ♣	Passe	2 ♦	Passe
3 ♥	Passe	4 ♣	Passe
4 SA	Passe	5 ♠	Passe
6 ♥	Contre	Passe	Passe
6 SA	Fin		

6♥ étaient sur table, mais Ouest nous a prévenus qu'il coupe les Trèfles et il y a un As dehors. Autant prendre sa chance à 6SA.

Alain Lévy

Fit trouvé mais pas joué

Quand et pourquoi conclure à 6SA avec un fit dans le camp ? Quelles sont les raisons qui peuvent pousser un joueur dans la zone du chelem et qui a connaissance d'un fit dans son camp à renoncer à cet avantage ?
Cela mérite quelques explications...

Un des buts des enchères est de trouver un fit pour jouer un contrat à l'atout. Ceci pour trois raisons principales :
- endiguer le défilé possible d'une longue adverse ;
- allonger ses atouts (le plus souvent en coupant du côté court) ;
- affranchir une couleur par la coupe.

Dans ces conditions, pourquoi ne pas jouer à la couleur ?

DES HONNEURS À PROTÉGER À L'ENTAME

Si une combinaison d'honneurs risque de se faire "traverser" à l'entame quand un chelem est joué de la main de Nord, Sud peut décider de déclarer 6SA pour protéger ses honneurs. Le cas le plus fréquent est **"le Roi en l'air"**.

Nord	♠ A R V 10 5 3 ♥ R 3 ♦ 8 6 ♣ A 7 2
Sud	♠ D 9 4 2 ♥ A D 10 4 2 ♦ R 5 ♣ R 3

la séquence

SUD	OUEST	NORD	EST
		1 ♠	Passe
2 ♥	Passe	3 ♠	Passe
4 ♣	Passe	4 ♥*	Passe
4 SA	Passe	5 ♠*	Passe
6 SA	Fin		

*4♥ : contrôle d'honneur (le Roi)
*5♠ : 3 clés

Sud sait que son partenaire n'a pas le contrôle des Carreaux. Il ne serait pas agréable de conclure à 6♠ et de ranger ses cartes après que la défense s'est adjugée les deux premières levées. Sud compte onze levées de tête : six Piques, trois Cœurs et deux Trèfles. Il conclut à 6SA en imaginant que la douzième levée pourrait venir du 10 de Cœur ou d'une Dame mineure (que Nord pourrait posséder). Il pourrait également bénéficier du Roi de Carreau placé.

Nord	♠ 7 6 3 ♥ 6 ♦ A 8 6 ♣ A R 8 7 5 3
Sud	♠ A D 5 ♥ R D V 10 3 ♦ R ♣ D 10 9 2

Une **fourchette** mérite également d'être protégée :

Fit trouvé mais pas joué

la séquence

SUD	OUEST	NORD	EST
1 ♥	2 ♠	3 ♣	Passe
4 ♣	Passe	4 ♦	Passe
4 SA	Passe	5 ♣*	Passe
6 SA	Fin		

*5♣ : 3 clés

Cette fois, Sud craint qu'Est entame Pique contre 6♣. Avec le Roi de Pique en Ouest, cette entame produirait une de chute. Il ne conclut pas à 6SA à l'aveuglette. Il est à même de compter 11 levées de façon certaine : un Pique, trois Cœurs, deux Carreaux et cinq Trèfles et une douzième très probablement : sixième Trèfle, partage des Cœurs ou Dame de Carreau.

Attention toutefois ! En l'absence d'un sérieux espoir de faire 12 levées à Sans-atout, on doit renoncer à jouer de la bonne main.

♠ A 10 8 7 6
♥ D 6 5
♦ R 7 6 2
♣ R

N / O / E / S

♠ R D 9 5
♥ R 4
♦ A 3
♣ A V 10 6 5

*5♦ : une clé

la séquence

SUD	OUEST	NORD	EST
1 ♣	Passe	1 ♠	Passe
3 ♠	Passe	4 ♣	Passe
4 ♦	Passe	4 ♠	Passe
4 SA	Passe	5 ♦*	Passe
?			

Avant de conclure, Sud fait le point : il y a assez de matériel pour jouer le chelem à Pique mais, comme Nord a dénié le contrôle des Cœurs, le contrat pourrait chuter si l'As de Cœur est en Ouest. Peut-il se réfugier à 6SA ? En aucune façon ! Il n'y a en effet aucune possibilité de compter les levées sur cette donne. Dans le doute, on doit conclure à 6♠. Ce bon jugement est ici doublement récompensé : le chelem est en effet sur table grâce à la présence de la Dame de Cœur (difficile à déceler à l'enchère) et le contrat de 6SA est pratiquement sans position gagnante.

Des coupes adverses à éviter

Jouer à l'atout permet de faire des coupes dans son camp, mais laisse aussi cette possibilité à l'adversaire. Si ce risque est patent, le chelem à Sans-atout doit être considéré.

♠ A V 10 9 6 4
♥ V 5
♦ V 2
♣ 6 5 4

N / O / E / S

♠ R 8 7
♥ A D
♦ A D
♣ R D V 10 9 2

Sud ne sait pas si Nord a la Dame de Pique (il aurait pu le savoir mais il n'en a cure). Ce qui est sûr, c'est qu'il lui faudra faire six levées de Pique pour gagner un chelem à Pique, Trèfle ou Sans-atout.

la séquence

SUD	OUEST	NORD	EST
		2 ♠	Passe
2 SA	Passe	3 ♠	Passe
4 SA	Passe	5 ♦	Passe
6 SA	Fin		

Le choix de 6SA se justifie ici doublement :
- Sud protège ses fourchettes rouges ;
- Sud se protège contre une coupe à Trèfle à l'entame.

De façon générale, ce risque existe de façon caractéristique quand il existe un gros double fit dans le camp. Mais il peut arriver que ce soit l'adversaire qui avertisse de la présence du danger :

	♠R 5 4 ♥6 5 2 ♦A 4 ♣A D 9 8 2	
♠8 ♥D V 10 8 4 ♦8 5 ♣V 10 7 6 3	N / O E / S	♠9 7 6 ♥A 7 3 ♦D V 10 9 7 6 3 ♣-
	♠A D V 10 3 2 ♥R 9 ♦R 2 ♣R 5 4	

la séquence

SUD	OUEST	NORD	EST
1 ♠	Passe	2 ♣	3 ♦
3 ♠	Passe	4 ♦	Passe
4 SA	Passe	5 ♣*	Passe
6 ♠	Passe	Passe	Contre
6 SA			

*5♣ : 3 clés

Dans un premier temps, Sud appelle le contrat de 6♠. Il se propose, si besoin est, d'affranchir les Trèfles par la coupe. Coup de théâtre ! Est contre pour demander une entame anormale (**Contre Lightner**). Sud doit croire l'adversaire sur parole et tenter sa chance à 6SA.

Des atouts de qualité douteuse

Il n'est pas toujours facile de détecter à l'enchère qu'il existe deux perdantes probables à l'atout (ou une perdante à l'atout et une perdante extérieure). Si tel est le cas, mais qu'il y a pléthore de levées dans le camp, le chelem à Sans-atout peut venir à la rescousse :

♠V 8 6 ♥A D 5 ♦7 ♣A R V 10 6 5
N / O E / S
♠R 9 7 5 3 ♥R 7 4 ♦A R D 4 ♣D

la séquence

SUD	OUEST	NORD	EST
		1 ♣	Passe
1 ♠	Passe	3 ♣	Passe
3 ♦	Passe	3 ♠	Passe
4 ♦	Passe	4 ♥	Passe
4 SA	Passe	5 ♣	Passe
6 SA	Fin		

Il manque une clef et il existe un sérieux risque que la couleur d'atout soit de qualité insuffisante. Sud pourrait s'enquérir de la Dame de Pique, mais cela ne résoudrait pas son problème. Sa Dame de Trèfle lui permet d'espérer raisonnablement six levées de Trèfle. Il connaît donc 11 levées et la douzième peut venir d'une Dame majeure, du Valet de Carreau ou d'un septième Trèfle. Le mauvais chelem est ainsi évité.

Fit trouvé mais pas joué

Quand les atouts sont de qualité correcte, le choix de 6SA peut, malgré tout, constituer une assurance contre un mauvais partage :

Nord :
♠ 6
♥ A R 5 4
♦ 7 6 4
♣ A D 10 6 2

Sud :
♠ R D V 10 9
♥ D 8 6 3
♦ A R 3
♣ R

la séquence

SUD	OUEST	NORD	EST
1 ♠	Passe	2 ♣	Passe
2 ♥	Passe	3 ♥	Passe
3 ♠	Passe	4 ♣	Passe
4 SA	Passe	5 ♣*	Passe
6 SA	Fin		

*5♣ : 3 clés

Avant de conclure comme un automate au petit chelem à Cœur, Sud réalise que si les Cœurs sont 3-2, il possède 12 levées (quatre dans chaque majeure, deux dans chaque mineure). Dès lors, il devient évident de conclure à 6SA. Quand les Cœurs s'avèrent 4-1 (ou pire...), c'est la Dame de Trèfle qui constitue la 12ème levée.

En tournoi par paires

Dans cette discipline, le chelem à Sans-atout constitue un must tant il est difficile de battre des scores de 990 ou 1440. Il faut savoir déclarer ce contrat, même s'il est inférieur à un petit chelem à l'atout, quand sa chance de réussite demeure importante.

Nord :
♠ 6 2
♥ 7 6
♦ A D 8 3
♣ A R 10 7 5

Sud :
♠ A D 3
♥ A D 4
♦ R V 10 7 2
♣ D 4

la séquence

SUD	OUEST	NORD	EST
		1 ♣	Passe
1 ♦	Passe	2 ♦	Passe
2 SA	Passe	3 ♣	Passe
3 ♥	Passe	4 ♦	Passe
4 SA	Passe	5 ♠*	Passe
6 SA	Fin		

*5♠ : 2 clés et la Dame de Carreau

Du point de vue de Sud, le meilleur chelem est sans doute 6♦, où il serait possible d'affranchir, le cas échéant, le cinquième Trèfle par la coupe. Il est loin d'être exclu cependant que les Trèfles produisent cinq levées, ce qui donnerait 12 levées de tête à 6SA et des possibilités de treizième dans les majeures. La conclusion à 6SA s'impose. On note que le petit chelem à Sans-atout juste fait rapporte plus que le petit chelem à Carreau réalisé avec une levée de mieux. Si le fit du camp était en majeure, il n'en serait pas de même et la décision de jouer à Sans-atout serait alors plus difficile à prendre.

Pierre Saporta

Les interventions sur votre enchère de 4SA

Ce 4SA est soit un Blackwood, soit une enchère quantitative. Comme c'est souvent le cas, la difficulté ne vient pas de l'intervention elle-même, mais de la situation imprévue qu'elle crée.

Si aucune défense, aussi simple soit-elle, n'est prévue, le spectre d'une catastrophe apparaît. Voici un des nombreux systèmes de défense qui, même s'il n'est pas parfait, a le mérite de mettre les deux partenaires sur la même longueur d'onde.

Sur un 4SA quantitatif

Quelle que soit la séquence du quantitatif, le principe de défense est le même :

- le Passe est celui que vous auriez fait sur le 4SA quantitatif sans intervention adverse, car vous êtes minimum de votre fourchette de points ;

- le Contre de l'intervention est punitif ;

- 5SA est une enchère intermédiaire, avec la valeur moyenne de votre fourchette de points ;

- l'annonce d'une couleur est naturelle et forcing : vous êtes maximum et vous proposez de jouer le chelem dans cet atout plutôt qu'à Sans-atout.

Exemples :

Main d'Ouest

♠ A 7 4
♥ R D 4
♦ R 10 8 7
♣ D V 5

la séquence

SUD	OUEST	NORD	EST
	1 SA	Passe	4 SA
5 ♦	Contre		

Votre main en Ouest est mal fichue, peu d'As, minimum et 4333 ! Prenez le cadeau offert par Sud ; le chelem à Sans-Atout serait une aventure.

Main d'Ouest

♠ D 7 5
♥ A 8 3
♦ A D V 6 4
♣ A 2

la séquence

SUD	OUEST	NORD	EST
	1 SA	Passe	4 SA
5 ♣	6 ♦		

Votre main est maximum, riche en contrôles et vous avez une bonne couleur Carreau. Imposez le chelem. Votre partenaire choisira entre 6♦ et 6SA en fonction de son fit Carreau.

Magazine
Théorie
Pratique
Jeu de la carte

SUR UN 4SA BLACKWOOD

L'adversaire a eu la possibilité d'intervenir, mais il ne l'a pas fait pour une raison qui le regarde. Peut-être veut-il simplement tester vos capacités à écarter les peaux de banane.

Prenons un exemple :

la séquence

SUD	OUEST	NORD	EST
1 ♠	Passe	2 ♥	Passe
3 ♥	Passe	4 SA	5 ♦

Est veut maintenant proposer une défense à son partenaire, car il pense que la séquence dynamique de Nord-Sud va les amener à un chelem gagnant. Par principe, contrer punitif 5♦ ne sera pas rentable alors qu'Est propose de défendre à 7♦ contre 6♥ gagnant. Ainsi, depuis longtemps, le Contre dans cette situation indique un certain nombre d'As ! La seconde enchère disponible, le Passe, indiquera également un nombre d'As. Les enchères supérieures, si elles sont codifiables, ont l'inconvénient d'élever le palier de discussion.

Le système proposé a le mérite d'être simple et efficace. Pour le mémoriser plus facilement, ce système a été nommé "Copain". Espérons qu'il ne devienne pas un faux ami ! :

Contre (CO) = 0 ou 3 clés
Passe (PAIN) = 1 ou 4 clés
Couleur au-dessus de l'intervention = 2 clés sans la Dame d'atout
Couleur suivante = 2 clés avec la Dame d'atout
Couleur suivante = 2 clés et une chicane

Main d'Ouest

♠ D 7 5
♥ A 10 8 3
♦ A
♣ R D 10 7 4

la séquence

SUD	OUEST	NORD	EST
	1 ♣	Passe	1 ♥
Passe	3 ♥	Passe	3 ♠
Passe	4 ♣	Passe	4 SA
5 ♦	5 ♥		

Votre saut à 3♥ indique une main irrégulière de 15-17 points d'honneurs. En disant 5 ♥, vous indiquez 0 ou 2 As. Votre partenaire fera aisément le distinguo.

VOTRE 4SA BLACKWOOD EST CONTRÉ

Le Surcontre est punitif : vous voulez jouer 4SA surcontré ou punir les adversaires s'ils dégagent dans une de leurs couleurs. Le reste est inchangé : vous faites l'enchère que vous auriez faite sans ce Contre. On dit que le Contre est "transparent".

Main d'Ouest

♠ D 7 5
♥ 8 7 4 2
♦ A D 2
♣ A 10 7

la séquence

SUD	OUEST	NORD	EST
	1 ♣	Passe	1 ♠
Passe	1 SA	Passe	4 SA
Contre	Surcontre		

Le chelem est peu probable avec vos 12 points mal faits. En revanche, 4SA surcontrés semblent un bon pari. Si Nord-Sud dégagent, vous contrerez pour un joli bénéfice.

Votre Blackwood d'exclusion est contré

Au fait, c'est quoi le Blackwood d'exclusion ? Petit rappel…

Vous avez conduit votre séquence d'enchères avec brio : vous avez un bon fit, les points nécessaires pour le chelem, tous les contrôles. Mais vous avez un problème pour poser le Blackwood car vous avez une chicane. Poser le Blackwood habituel dans ce cas est une illusion d'optique : quand le partenaire répond ses As, comment savoir si un de ses As est dans votre chicane ou non ? Un As dans votre chicane ne sert à rien (ou presque) : en revanche, ailleurs, il vaut de l'or.

Pour résoudre ce problème, jouez le Blackwood "d'exclusion". Après un fit exprimé, un saut inhabituel dans la couleur de votre chicane (au palier de 5, ou 4♠ après un fit à Cœur) est un Blackwood de type 30-41-20 sur les 4 cartes clés restantes : Roi d'atout et les 3 As restants. L'As de la chicane n'est plus compté.

Exemple :

Main de Sud	Main de Nord
♠ A D V 9 5 3	♠ R 8 6 2
♥ A R 9 4	♥ 8
♦ -	♦ R D 7
♣ R D 2	♣ A V 10 9 3

la séquence

SUD	OUEST	NORD	EST
1 ♠	Passe	2 ♣	Passe
2 ♥	Passe	3 ♠	Passe
5 ♦*	Passe	5 SA*	Passe
7 ♠*	Fin		

*5♦ : chicane Carreau, Blackwood d'exclusion de l'As de Carreau
*5SA : 2 clés sur 4 : Roi de Pique et As de Trèfle (As de ♦ écarté)
*7♠ : clair, net et précis.

Prenons une séquence type :

la séquence

SUD	OUEST	NORD	EST
1 ♥	Passe	3 ♥	Passe
5 ♦	Contre		

Si vous jouez le Blackwood d'exclusion, l'enchère de 5♦ est un Blackwood avec une chicane à Carreau en Sud. Nord répond ses As en excluant l'As de Carreau. Ici, il n'est pas question de jouer 5♦ surcontrés. Le plus simple, c'est de passer sans As et de répondre le nombre d'As intéressants par palier.

Main de Nord

♠ 5
♥ D 10 7 4
♦ 9 7 2
♣ A D 9 5 3

Répondez 5♥, qui indique un As hors l'As de Carreau. Avec l'as de Carreau, vous auriez passé. Sud appréciera !

Patrice Marmion

Tests d'enchères de chelems à Sans-atout

Test d'enchères : répondre à 4 Sans-atout

Vous êtes assis en Sud.
Indiquez votre enchère après le début de séquence suivant :

1

♠ A D 10 5
♥ R 7
♦ A V 6 4
♣ V 10 4

la séquence

SUD	OUEST	NORD	EST
1 SA	Passe	4 SA	Passe
?			

2

♠ A D 4
♥ R D 5 3
♦ A 5 3 2
♣ D 4

la séquence

SUD	OUEST	NORD	EST
1 SA	Passe	2 ♥	Passe
2 ♠	Passe	4 SA	Passe
?			

3

♠ A D 10 3
♥ R 4 2
♦ A V 5 3
♣ 8 5

la séquence

SUD	OUEST	NORD	EST
1 ♦	Passe	1 ♥	Passe
1 ♠	Passe	4 SA	Passe
?			

4

♠ A 10 8 3
♥ A 2
♦ 10 9 5 3
♣ R V 3

la séquence

SUD	OUEST	NORD	EST
1 ♦	Passe	1 ♥	Passe
1 ♠	Passe	3 ♦	Passe
3 SA	Passe	4 ♣	Passe
4 ♥	Passe	4 SA	Passe
?			

5

♠ A D 10 3
♥ 5 3
♦ A V 10 3
♣ A 6 3

la séquence

SUD	OUEST	NORD	EST
1 SA	Passe	2 ♣	Passe
2 ♠	Passe	4 SA	Passe
?			

6

♠ 4
♥ A D V 3
♦ R 7 3
♣ A D V 6 4

la séquence

SUD	OUEST	NORD	EST
1 ♣	Passe	1 ♠	Passe
2 ♥	Passe	4 SA	Passe
?			

7

♠ V 7 6 3 2
♥ A D 5 4
♦ 5 3
♣ A D

la séquence

SUD	OUEST	NORD	EST
1 ♠	Passe	2 ♦	Passe
2 ♥	Passe	3 ♠	Passe
3 SA	Passe	4 SA	Passe
?			

8

♠ A V 10 3
♥ A 2
♦ V 9 5 3
♣ R V 3

la séquence

SUD	OUEST	NORD	EST
1 ♦	Passe	1 ♥	Passe
1 ♠	Passe	3 ♦	Passe
3 SA	Passe	4 SA	Passe
?			

9

♠ R V 5
♥ R 4
♦ A D 10 6 3
♣ 5 3 2

la séquence

SUD	OUEST	NORD	EST
1 ♦	Passe	1 ♥	Passe
1 SA	Passe	2 ♣	Passe
2 SA	Passe	4 SA	Passe
?			

10

♠ R 7 6
♥ R V 5 4
♦ D 9 5 4
♣ A 5

la séquence

SUD	OUEST	NORD	EST
		1 ♥	Passe
2 SA*	Passe	4 SA	Passe
?			

*2SA : fitté illimité

Commentaires

1) Passe
4SA est « Quantitatif ». Etant minimum, vous devez passer. Si vous êtes maximum (ou si votre main vous plait bien) je vous propose, pour éviter de jouer un chelem avec deux As dehors quand les deux joueurs ont surestimé leur main, une petite convention :
5 ♣ = 0 As
5 ♦ = 1 As
5 ♥ = 2 As avec 5 ♣
5 ♠ = 2 As avec 5 ♦
5 SA = 2 As
Sur 5SA le répondant peut proposer un chelem dans sa mineure quatrième.
Passe : 10 ; Autres : 3

2) 5 ♠
4SA est « Quantitatif ». 5♠ est la bonne enchère si vous appliquez la convention précédente en montrant deux As et le fit (sans le fit vous dites 5SA). Sinon c'est 6♠ qu'il faut dire avec votre main maximum (quoique pas terrible avec cette Dame de Trèfle seconde). Inversez les deux cotes si nécessaire.
5 ♠ : 10 ; 6 ♠ : 8 ; Passe : 3

3) 5 SA
4SA est « Quantitatif ». Vous avez une main maximum (ce Roi de Cœur troisième est superbe) et vous devez donc fournir une enchère : 5SA (montrant deux As) ou 6SA sans convention.
5 SA : 10 ; 6 SA : 8 ; Passe : 2

4) 5 ♥
C'est un Blackwood ! En effet, avec l'enchère de 4♣, votre partenaire a rendu ce 4SA comme une vérification d'As. S'il avait voulu faire un quantitatif, il l'aurait fait directement sur 3SA.
5 ♥ : 10 ; Passe : 3

5) 6 ♦
Vous êtes minimum, mais votre main est superbe avec deux belles couleurs quatrièmes et la présence de 3 As. 6♦ est supérieur à 6SA si votre partenaire possède aussi quatre cartes à Carreau. Il rectifiera à 6SA s'il ne les a pas.
6 ♦ : 10 ; 6 SA : 7 ; Passe : 5

6) Passe
4SA est « Quantitatif ». En effet 3♣ et 3♥ étant forcing, 4SA ne peut-être que quantitatif.
Vous êtes minimum : passez.
Passe : 10 ; 5 SA : 6 ; 6 SA : 3

7) 5 ♥
4SA suit bien une enchère de 3SA mais, ici, ce 3SA est conventionnel (généralement des mauvais atouts) et donc 4SA est Blackwood. En règle générale, avec un fit majeur, 4SA est toujours Blackwood.
5 ♥ : 10 ; Passe : 2

8) 5 SA
Ce problème est le même que le n°4. Ici, 4SA est quantitatif et, comme vous êtes maximum, vous devez enchérir par 5SA (pour montrer deux As) ou par 6 ♦ sans convention particulière.
5 SA : 10 ; 6 ♦ : 7 ; Passe : 3

9) 5 ♦
On ne va pas vous demander deux fois si vous êtes maximum. Répondez à ce Blackwood.
5 ♦ : 10 ; Passe : 2

10) 5 ♥
Vous êtes fitté Cœur (2SA). Il n'en faut pas plus à votre partenaire pour poser un Blackwood. Soyez gentil et répondez deux clés sans la Dame d'atout.
5 ♥ : 10 ; Passe : 2

Jean-Pierre Lafourcade

Enchères à deux

Photocopiez les mains d'Est en page suivante, et donnez la photocopie à votre partenaire. Vous pouvez alors enchérir avec lui, puis consulter la solution en page 89.

MAINS D'OUEST

1

♠ R 8 5 2
♥ D 2
♦ V 9 6
♣ A D 8 2

Ouest donneur, personne vulnérable.

2

♠ A R D 9 4
♥ V 7
♦ R V 9 6
♣ D 5

Est donneur, Est-Ouest vulnérables.

3

♠ A R 5 4
♥ 8 3 2
♦ A 9 7 4
♣ R 5

Est donneur, Nord-Sud vulnérables.

4

♠ 8 2
♥ A 10 8 6 5 4
♦ D 2
♣ A R D

Est donneur, tous vulnérables.

5

♠ 10 9 8
♥ 10 3
♦ R D 10 4
♣ A D 9 2

Est donneur, Est-Ouest vulnérables.

6

♠ 10 6 2
♥ A 7 4
♦ R 7 5 2
♣ A V 3

Ouest donneur, Nord-Sud vulnérables.

7

♠ D 6
♥ D 2
♦ R D 8 6
♣ A R D 9 6

Est donneur, tous vulnérables.

Mains d'Est

1

♠ D 10 4
♥ A R 8 6 3
♦ A R 8
♣ R 3

Ouest donneur, personne vulnérable.

2

♠ V 3
♥ R 10 5 2
♦ A 10
♣ A R V 7 3

Est donneur, Est-Ouest vulnérables.

3

♠ 7
♥ R 9 4
♦ R D V
♣ A D V 10 7 4

Est donneur, Nord-Sud vulnérables.

4

♠ A D V 10 6
♥ R 2
♦ A R 8 3
♣ 9 4

Est donneur, tous vulnérables.

5

♠ A R D
♥ A R D 9 2
♦ V 3
♣ R 7 4

Est donneur, Est-Ouest vulnérables.

6

♠ A R D
♥ D V 3 2
♦ A 9 8 4
♣ R 10

Ouest donneur, Nord-Sud vulnérables.

7

♠ A 9 8 3
♥ A R 5 4
♦ V 10 3
♣ 5 2

Est donneur, tous vulnérables.

1.

♠R 8 5 2	N	♠D 10 4
♥D 2	O E	♥A R 8 6 3
♦V 9 6		♦A R 8
♣A D 8 2	S	♣R 3

la séquence

SUD	OUEST	NORD	EST
	1 ♣	Passe	1 ♥
Passe	1 ♠	Passe	2 ♦
Passe	2 SA	Passe	4 SA

Sur la quatrième couleur forcing à 2♦, l'ouvreur n'a pas de réponse facile : il n'a ni l'arrêt à Carreau, ni trois Cœurs, ni cinq Trèfles. Il choisit la moins mauvaise : 2SA, qui indique un jeu de première zone et dénie trois cartes à Cœur. Avec 19 points d'honneurs, Est ne peut pas conclure à 3SA, un chelem étant possible. Mais il ne peut pas non plus le déclarer directement car son partenaire peut n'avoir que 12 points. Il choisit donc l'enchère quantitative de 4SA. En l'absence de fit agréé, il ne peut s'agir d'un Blackwood et, avec son ouverture tout à fait minimum, l'ouvreur passe sans hésitation. On constate que le chelem est très mauvais, puisqu'il nécessite les Cœurs 3-3 et le Valet de Pique placé.

4 SA : 20 ; 6 SA : 7

2.

♠A R D 9 4	N	♠V 3
♥V 7	O E	♥R 10 5 2
♦R V 9 6		♦A 10
♣D 5	S	♣A R V 7 3

la séquence

SUD	OUEST	NORD	EST
			1 SA
Passe	2 ♥	Passe	2 ♠
Passe	3 ♦	Passe	3 SA
Passe	4 SA	Passe	6 SA

Bien que sa distribution ne corresponde pas aux normes classiques, Est devrait ouvrir d'1SA. S'il ouvrait d'1♣, il aurait un problème de redemande sur 1♠, son jeu ne lui permettant pas de faire un bicolore cher. Il faut souvent ouvrir d'1SA avec les jeux 5-4-2-2 comportant quatre cartes à Cœur. Ouest fait un Texas, puis annonce sa deuxième couleur, bien qu'il n'ait pas de singleton. Avec 16 points, le bon contrat est peut-être 6♦. Lorsqu'Est revient à 3SA, déniant le fit à Pique, Ouest fait un effort à 4SA quantitatif. Avec 16 points et une cinquième, Est conclut.

6 SA (Est) : 20 ; 6 ♣ : 16 ; 6 ♠ : 10 ; manches : 4

3.

Ouest	Est
♠AR54	♠7
♥832	♥R94
♦A974	♦RDV
♣R5	♣ADV1074

la séquence

SUD	OUEST	NORD	EST
			1 ♣
Passe	1 ♦	Passe	3 ♣
Passe	4 ♣	Passe	4 ♦
Passe	4 ♠	Passe	4 SA
Passe	5 ♠*	Passe	6 SA

* 2 As et le Roi de Trèfle

Avec 14 points d'honneurs, Ouest ne doit pas donner priorité à la majeure comme il le ferait avec une main inférieure à 12-13 points. 3♣ promet un bel unicolore au moins sixième et 15-17 points d'honneurs. Cette enchère n'est pas forcing, mais avec deux As et deux Rois, c'est au chelem qu'Ouest doit penser et non à 3SA. Avec un jeu moins fort, il dirait 3♠ pour laisser l'ouvreur annoncer 3SA avec l'arrêt à Cœur. Mais ici, décidé à ne pas passer sur 3SA, il soutient à 4♣, une enchère de chelem qui demande à l'ouvreur d'annoncer ses contrôles. 4♦ dans la première couleur d'Ouest promet un contrôle d'honneur et donc 4♠ dénie le contrôle à Cœur. Mais avec le Roi de Cœur et ses trois honneurs à Carreau, Est pose le Blackwood et conclut à 6SA, supérieur à 6♣ (entame Pique).

6 SA (Est) : 20 ; 6 ♣ : 15 , 6 SA (Ouest) : 8 ; 3 SA : 3

4.

Ouest	Est
♠82	♠ ADV106
♥A108654	♥ R2
♦D2	♦ AR83
♣ARD	♣ 94

la séquence

SUD	OUEST	NORD	EST
			1 ♠
Passe	2 ♥	Passe	3 ♦
Passe	3 ♥	Passe	4 ♥
Passe	4 SA	Passe	5 ♠*
Passe	6 SA	Fin	

Est ouvre d'1♠, puis annonce 3♦ sur le changement de couleur 2 sur 1 de son partenaire. Bien que la deuxième couleur soit moins chère que la première, cette séquence montre un bicolore cher, la deuxième enchère de l'ouvreur se situant au palier de 3. Ouest est beaucoup trop fort pour se contenter de 3SA et il choisit de répéter ses Cœurs pour en montrer six, et cela malgré la relative faiblesse de sa couleur. Est soutient son partenaire à 4♥. Ouest pose le Blackwood et apprend que l'ouvreur possède deux As et le Roi de Cœur. Il doit alors prendre une décision délicate. Le grand chelem n'est pas tout à fait exclu, mais il faudrait qu'Est possède Roi Dame de Pique. Encore serait-il à la merci d'un bon partage des Cœurs. Le risque, en interrogeant à 5SA, est de voir le partenaire nommer le grand chelem avec, par exemple, les Piques maîtres, alors qu'il manque la Dame de Cœur. Ouest se résigne donc à se contenter du petit chelem et choisit 6SA. Compte tenu de l'abondance en points d'honneurs, 6SA peut gagner même avec un mauvais partage des Cœurs.

6 SA : 20 ; 6 ♠ : 15 ; 6 ♥ : 14 ; manches : 2

Magazine
Théorie
Pratique
Jeu de la carte

5.

Ouest		Est
♠ 10 9 8	N	♠ A R D
♥ 10 3	O E	♥ A R D 9 2
♦ R D 10 4		♦ V 3
♣ A D 9 2	S	♣ R 7 4

la séquence

SUD	OUEST	NORD	EST
			2 ♣
Passe	2 ♦	Passe	2 ♥
Passe	2 SA	Passe	3 SA
Passe	4 SA	Passe	6 SA

Est est vraiment trop fort pour ouvrir d'1♥ et il lui manque une levée pour 2♦. Il choisit donc 2♣ puis, sur le relais à 2♦, il annonce les Cœurs. 2♥ ne garantit pas six cartes, mais peut provenir de cinq belles cartes dans un jeu de 20-22 points d'honneurs. Ouest ne pouvant annoncer une mineure quatrième, il nomme 2SA, une enchère illimitée. Est dit 3SA, qui dénie une belle couleur sixième à Cœur et promet un jeu régulier. Avec 11 points d'honneurs et de belles cartes intermédiaires, Ouest fait un effort. Sur 4SA quantitatif, Est, maximum, conclut à 6SA.

6 SA : 20 ; 3 SA/4 SA: 5

6.

Ouest		Est
♠ 10 6 2	N	♠ A R D
♥ A 7 4	O E	♥ D V 3 2
♦ R 7 5 2		♦ A 9 8 4
♣ A V 3	S	♣ R 10

la séquence

SUD	OUEST	NORD	EST
	1 ♦	Passe	1 ♥
Passe	1 SA	Passe	3 ♦
Passe	3 ♥	Passe	3 ♠
Passe	3 SA	Passe	4 SA
Fin			

Sur 1SA, Est pourrait bondir directement à 4SA, une enchère quantitative qui indique 19-20 points HL et un jeu régulier sans cinq cartes à Cœur. Toutefois, cette enchère cache le fit à Carreau, alors que 6♦ peut être le seul chelem gagnant. Est préfère donc le saut à 3♦ forcing de manche. Cette enchère montre en général un bicolore d'au moins neuf cartes, mais peut aussi être faite avec un 4-4 fort. Ouest donne un soutien différé à 3♥, 3SA étant interdit sans rien à Pique. Est indique sa force à Pique, puis sur 3SA, il peut enfin montrer toute sa force, mais Ouest est minimum.

4 SA : 20 ; 6 ♦: 5 ; 6 SA : 2

Magazine
Théorie
Pratique
Jeu de la carte

♠ D 6	N	♠ A 9 8 3
♥ D 2	O E	♥ A R 5 4
♦ R D 8 6		♦ V 10 3
♣ A R D 9 6	S	♣ 5 2

la séquence

SUD	OUEST	NORD	EST
			1 ♦
Passe	2 ♣	Passe	2 SA
Passe	3 ♦	Passe	3 SA
Passe	4 SA	Fin	

7.

La redemande à 2SA sur 2♣ indique un jeu régulier de 12-14 points d'honneurs. Pour faire une enchère forcing, Ouest n'a pas besoin de nommer une nouvelle couleur : le soutien à 3♦ est forcing de manche, avec des ambitions de chelem, ou un gros inconvénient en majeure pour jouer 3SA. Est revient à 3SA, ce qui promet de bons arrêts dans les deux majeures et un jeu peu propice au chelem. Ouest doit faire un nouvel effort, mais il ne doit pas imposer le chelem, d'autant que l'ouvreur n'a pas obligatoirement quatre cartes à Carreau. La bonne enchère est 4SA, toujours naturel sur 3SA. Pour interroger, Ouest devrait d'abord nommer un contrôle. Est se hâte de passer.

4 SA : 20 ; 3 SA : 10 ; 6 ♦ : 7 ; 6 SA : 4

Philippe Poizat

Bien jouer 6 ou 7SA

Etant donné les forces en présence, le déclarant ne rencontre pas souvent de problèmes de communications. Ceux-ci doivent néanmoins être pris en considération. Saurez-vous le faire dans les donnes qui suivent ?

1

♠ A R D
♥ A D 2
♦ R D 2
♣ A 9 7 4

N / O E / S

♠ V 7 2
♥ R 7 3
♦ 8 7 5 4 3
♣ R D

Contrat : 6 SA
Entame : ♥ 10

2

♠ A 3
♥ A R
♦ A 6 4
♣ A R 7 4 3 2

N / O E / S

♠ R V 4
♥ D V 6 2
♦ D 9 5 3
♣ 9 6

Contrat : 6 SA
Entame : ♠ 7

3

♠ A V 8
♥ 7 4 2
♦ A R V 10
♣ A R 3

N / O E / S

♠ R 10
♥ A D 3
♦ D 5 2
♣ V 9 8 5 2

Contrat : 6 SA
Entame : ♠ 4

4

♠ 8 7 3
♥ 7 4 3
♦ A D 10 8 2
♣ 6 5

N / O E / S

♠ A D V 10
♥ A R 8
♦ R V 6
♣ A R 9

Contrat : 6 SA
Entame : ♣ D

Vous êtes en tournoi par paires et devez rechercher la levée supplémentaire, mais sans risquer la chute.

Magazine
Théorie
Pratique
Jeu de la carte

5

♠ 85
♥ 952
♦ AD8652
♣ A3

♠ AR6
♥ AR3
♦ R
♣ RD7642

Contrat : 6 SA
Entame : ♠ D

6

♠ V432
♥ V32
♦ 4
♣ R5432

♠ AD10
♥ AD
♦ ARD2
♣ AD76

Contrat : 6 SA
Entame : ♦ V

7

♠ DV75
♥ AD3
♦ AR5
♣ DV2

♠ AR
♥ R82
♦ V843
♣ R863

Contrat : 6 SA
Entame : ♥ V

8

♠ 762
♥ 985
♦ A1087
♣ R76

♠ ARD
♥ AR4
♦ RV93
♣ AD8

Contrat : 6 SA
Entame : ♠ V

COMMENTAIRES

1

	Nord	
	♠ ARD ♥ AD2 ♦ RD2 ♣ A974	
Ouest ♠ 8654 ♥ 1098 ♦ A9 ♣ V863		**Est** ♠ 1093 ♥ V654 ♦ V106 ♣ 1052
	♠ V72 ♥ R73 ♦ 87543 ♣ RD	

Contrat : 6 SA
Entame : ♥ 10

Les Carreaux doivent être 3-2 avec l'As placé. Vous devez prendre l'entame au mort et rentrer deux fois dans votre main à Trèfle pour jouer Carreau. Si Sud prend du Roi de Cœur à la première levée, il va chuter. En effet, Ouest pourra enlever la rentrée du déclarant en bloquant les Carreaux : Roi de Cœur et Carreau pour le 9 et la Dame. Sud, n'étant pas extralucide, rentre en main à Trèfle pour jouer Carreau. Ouest prend de l'As et rejoue Trèfle. Dès lors les Carreaux sont inutilisables.

2

Ouest	Nord / Sud	Est
	♠A 3 ♥A R ♦A 6 4 ♣A R 7 4 3 2	
♠D 9 8 7 ♥10 8 5 ♦R 10 7 ♣D 8 5	N / O / E / S	♠10 6 5 2 ♥9 7 4 3 ♦V 8 2 ♣V 10
	♠R V 4 ♥D V 6 2 ♦D 9 5 3 ♣9 6	

Contrat : 6 SA
Entame : ♠ 7

Même si le Roi de Carreau se trouve en Est avec les Carreaux 3-3, il suffira à Est de le retenir une fois pour vous empêcher de réaliser 3 Piques, 4 Cœurs, 3 Carreaux et 2 Trèfles. Abandonnez donc cette ligne de jeu à moins de 20 % (plus une faute de l'adversaire) pour adopter celle, à 68 %, des Trèfles partagés 3-2. Dans ce cas, vous ferez 5 Trèfles, 1 Carreau, 4 Cœurs et 2 Piques. Surtout, ne jouez pas trop vite et ne laissez pas venir l'entame vers votre main, malgré la fourchette, car vous seriez irrémédiablement bloqué et ne pourriez tirer vos Cœurs. Jouez As de Pique, As et Roi de Cœur et Trèfle. Vous serez en mesure de faire face à tout retour et gagnerez si les Trèfles sont 3-2.

3

Ouest	Nord / Sud	Est
	♠A V 8 ♥7 4 2 ♦A R V 10 ♣A R 3	
♠9 7 5 4 3 ♥R 10 8 ♦6 ♣D 10 7 4	N / O / E / S	♠D 6 2 ♥V 9 6 5 ♦9 8 7 4 3 ♣6
	♠R 10 ♥A D 3 ♦D 5 2 ♣V 9 8 5 2	

Contrat : 6 SA
Entame : ♠ 4

3 Piques, 1 Cœur, 4 Carreaux et 2 Trèfles font dix levées. Les Trèfles apporteront sans doute le reste. Cependant, pour lutter contre une répartition 4-1 d'un côté ou de l'autre, il faut d'abord jouer l'As avant de rentrer en main pour jouer le 9 laissé filé si Ouest fournit petit. Dans l'hypothèse de D10 quatrièmes en Ouest, une autre difficulté peut se présenter : les reprises de main. Il en faut une pour jouer le 9 de Trèfle, une autre pour affranchir le cinquième Trèfle et une dernière pour le tirer. Si vous ne mettez pas à l'entame le Valet de Pique du mort, il vous manquera une rentrée quand Est aura normalement mis sa Dame de Pique.

4

Nord : ♠ 8 7 3 — ♥ 7 4 3 — ♦ A D 10 8 2 — ♣ 6 5
Ouest : ♠ 5 4 — ♥ V 9 6 5 — ♦ 7 5 — ♣ D V 10 8 4
Est : ♠ R 9 6 2 — ♥ D 10 2 — ♦ 9 4 3 — ♣ 7 3 2
Sud : ♠ A D V 10 — ♥ A R 8 — ♦ R V 6 — ♣ A R 9

Contrat : 6 SA
Entame : ♣ D

La levée de mieux proviendra des Piques si le Roi est placé. Mais s'il est quatrième, il faudra faire trois fois l'impasse. Pour combiner sécurité et reprises de main au mort, prenez (si Ouest fournit) le Roi de Carreau de l'As et jouez Pique. Après une première impasse réussie et si Est a fourni à Carreau, prenez (si Ouest fournit) le Valet de Carreau de la Dame et recommencez l'impasse.
Vous pourrez ainsi la tenter trois fois.

5

Nord : ♠ 8 5 — ♥ 9 5 2 — ♦ A D 8 6 5 2 — ♣ A 3
Ouest : ♠ D V 10 7 4 — ♥ D 10 8 7 4 — ♦ V 7 — ♣ 8
Est : ♠ 9 3 2 — ♥ V 6 — ♦ 10 9 4 3 — ♣ V 10 9 5
Sud : ♠ A R 6 — ♥ A R 3 — ♦ R — ♣ R D 7 6 4 2

Contrat : 6 SA
Entame : ♠ D

Il suffit d'une des deux mineures bien répartie pour faire 13 levées. Mais, puisqu'on ne joue que 6, il faut assurer son contrat. Pour essayer la répartition des Carreaux, il faudra en jouer trois fois et, s'ils sont 4-2, affranchir une levée à l'adversaire à qui vous devrez rendre la main s'il possède aussi 4 Trèfles. Une seule solution : jouez le Roi de Carreau et donnez un coup à blanc à Trèfle à la levée suivante. Vous pourrez ainsi vérifier successivement la répartition à Carreau, puis à Trèfle si la première était mauvaise… et vous n'aurez rendu la main qu'une fois.

6

Nord : ♠ V 4 3 2 — ♥ V 3 2 — ♦ 4 — ♣ R 5 4 3 2
Ouest : ♠ R 8 7 — ♥ R 8 6 — ♦ V 10 9 3 — ♣ V 9 8
Est : ♠ 9 6 5 — ♥ 10 9 7 5 4 — ♦ 8 7 6 5 — ♣ 10
Sud : ♠ A D 10 — ♥ A D — ♦ A R D 2 — ♣ A D 7 6

Contrat : 6 SA
Entame : ♦ V

Vous prenez l'entame et tirez l'As de Trèfle pour vérifier le partage de la couleur ; si les Trèfles sont 3-1, ils sont maîtres mais bloqués (les Trèfles du mort sont trop petits). Il faut donc créer une extragagnante au mort pour défausser un Trèfle de la main. Vous devez donc jouer la Dame puis le 10 de Pique. Si le flanc prend, il vous suffira de

Magazine
Théorie
Pratique
Jeu de la carte

tirer la Dame de Trèfle et l'As de Pique, de remonter au mort par le Roi de Trèfle pour défausser le 7 de Trèfle sur le Valet de Pique. Si le flanc ne prend pas, jouez la Dame de Cœur pour affranchir le Valet.

7

Nord :
♠ D V 7 5
♥ A D 3
♦ A R 5
♣ D V 2

Ouest :
♠ 10 9 8
♥ V 10 9 7 4
♦ D 6 2
♣ A 4

Est :
♠ 6 4 3 2
♥ 6 5
♦ 10 9 7
♣ 10 9 7 5

Sud :
♠ A R
♥ R 8 2
♦ V 8 4 3
♣ R 8 6 3

Contrat : 6 SA
Entame : ♥ V

Il vous faut trouver trois levées dans les mineures en ne perdant la main qu'une fois. A Carreau, il n'y a que la Dame sèche ou seconde qui vous permettrait d'y réaliser trois levées. Les Trèfles offrent de bien meilleures perspectives, partage 3-3 ou 4-2 avec l'As second en Ouest. Le bon maniement consiste à jouer le plus de fois possible vers les honneurs groupés. Il importe donc de jouer deux fois Trèfle vers le mort. Mais attention, si l'As est second comme vous le souhaitiez, la couleur sera bloquée V/Rx. Vous devrez d'abord dégager le Valet, puis revenir chez vous pour bénéficier du Roi.
Étudiez la situation avec soin et vous constaterez que vous manquez d'une rentrée si vous laissez courir la première levée vers votre main. Il est fondamental de prendre au mort et de préserver le Roi. Une preuve de plus qu'il est important d'établir son plan de jeu avant d'appeler la première carte du mort !

Contrat : 6 SA

8

Nord :
♠ 7 6 2
♥ 9 8 5
♦ A 10 8 7
♣ R 7 6

Ouest :
♠ V 10 9 5 3
♥ D V 7 6 3
♦ 4
♣ 10 2

Est :
♠ 8 4
♥ 10 2
♦ D 6 5 2
♣ V 9 5 4 3

Sud :
♠ A R D
♥ A R 4
♦ R V 9 3
♣ A D 8

Entame : ♠ V

Avant de vous résoudre à faire l'impasse à Carreau d'un côté ou de l'autre au petit bonheur la chance, vous devez essayer d'obtenir le maximum d'informations sur les distributions. Jouez petit Cœur sous As Roi (vous donnerez ce Cœur de toute façon) pour ne pas perdre le contrôle de la couleur. Prenez le retour, puis tirez les Piques, les Cœurs et les Trèfles. Connaissant alors cinq Piques, cinq Cœurs et 2 Trèfles en Ouest, vous pouvez jouer As et 10 de Carreau pour l'impasse à la Dame d'Est.

Robert Berthe

Quelle est la main de Sud ?

Entourez la main qui correspond le mieux à la séquence indiquée. Pour les autres mains, indiquez ce qu'auraient dû être les enchères de Sud.

la séquence

SUD	OUEST	NORD	EST
1 SA	Passe	2 ♣	Passe
2 ♥	Passe	4 SA	Passe
5 ♣	Fin		

A

♠ A 2
♥ A V 6 2
♦ V 9 3
♣ A V 5 4

B

♠ A 3
♥ A R 10 9
♦ 10 8 2
♣ A V 10 6

C

♠ A 8
♥ A 9 4 2
♦ D 9
♣ A D 10 5 3

D

♠ A D 7
♥ A 10 9 3
♦ R 10 6
♣ A 10 9

Commentaires

Main A : Passe
Attention à bien interpréter cette enchère de 4SA. Le partenaire a fait un Stayman et après la réponse de 2♥, 4SA est une proposition de chelem naturelle à Sans-atout montrant l'autre majeure quatrième et 16+-17 points d'honneurs. On peut remarquer qu'avec le fit à Cœur, Nord est bien embarrassé puisqu'il ne peut pas poser un Blackwood. Conventionnellement, sur 2♥ on dit 3♠, et sur 2♠ on dit 3♥ pour proposer le chelem dans la majeure de l'ouvreur. Avec cette main sans plus-value, il faut refuser la proposition du partenaire.

Main B : 5♣
C'est la bonne ! Cette fois, vous avez une très belle ouverture mais, avant de conclure un peu hâtivement à 6SA, pourquoi ne pas rechercher le fit mineur 4-4 qui sera souvent un meilleur contrat en obtenant une ou plusieurs coupes.

Main C : 6♣
C'était tout à fait légitime d'avoir ouvert d'1SA avec ce bicolore 5-4 dans un but d'anticipation puisque, après l'ouverture d'1♣ et la réponse d'1♠, vous n'auriez pas de redemande satisfaisante. Sur la proposition de chelem du partenaire, que naturellement vous acceptez, proposez 6♣ indiquant une couleur cinquième et donc une main 5-4-2-2. 6♣ sera sûrement plus facile à jouer !

Main D : 6SA
Ne faites pas l'erreur de répondre à un Blackwood qui n'en est pas un, dites tranquillement 6SA pour montrer une main agréable 4-3-3-3.

la séquence

SUD	OUEST	NORD	EST
		2 ♦	Passe
3 ♣	Passe	4 SA	Passe
6 SA	Fin		

A

♠ D 10 9 4
♥ 10 2
♦ 7 3 2
♣ A 10 6 2

B

♠ R V 10
♥ D 10 6
♦ 9 5 3
♣ A 6 4 2

C

♠ 7 6 3
♥ 10 9
♦ 8 5 2
♣ A D 9 8 7

D

♠ D 9 8
♥ 5 4 3
♦ V 6 2
♣ A 10 6 3

COMMENTAIRES

En préambule, que signifie l'enchère de 4SA faite par l'ouvreur de 2♦ ? Attention à ne pas confondre deux situations bien différentes. Si l'ouvreur fait un saut inutile à 3SA, alors que 2SA serait forcing, il s'agit clairement d'un arrêt. En revanche, après une réponse au palier de 3♣ ou de 3♦, l'ouvreur n'a plus de place, par conséquent 3SA n'est pas un arrêt mais montre un jeu régulier dans la zone 24-26 et le saut à 4SA curieusement est une enchère naturelle montrant 27-28 points d'honneurs. Cette façon de faire permet au répondant de faire une simple addition de points pour jouer le chelem ou non !

Main A : 5♣
Connaissant la force du partenaire, Nord veut évidemment jouer le chelem et il commence "normalement" par faire un Stayman à 5♣ pour découvrir le meilleur chelem possible.

Main B : 7SA
La simple addition des points montre qu'on a bien atteint le total de 37-38 points d'honneurs nécessaires pour jouer le grand chelem à Sans-atout.

Main C : 6♣
Comme on a vu précédemment que 5♣ serait un Stayman, il est temps de proposer le chelem à Trèfle montrant une bonne couleur au moins cinquième. Le partenaire choisira.

Main D : 6SA
C'est la bonne ! Vous n'avez aucune raison de tergiverser, n'oubliez pas que votre partenaire possède 27-28 points d'honneurs. Ajoutez-y vos 7 points, vous atteignez un chelem confortable. Il faut le jouer à Sans-atout ; en effet, mieux vaut jouer sur quatre couleurs qu'avec un atout qui pourrait être mal réparti chez l'adversaire.

Nicolas Déchelette

Magazine

Théorie

Pratique

Jeu de la carte

Entames contre les chelems à Sans-atout

L'entame contre les chelems à Sans-atout

♠ R V 7 5 3
♥ D 9 5
♦ 9 8 7
♣ 7 6

la séquence

SUD	OUEST	NORD	EST
1 SA	Passe	4 SA	Passe
6 SA	Fin		

Sauf erreur d'addition, vos adversaires possèdent entre 32 et 34 points d'honneurs, un matériel juste suffisant pour réaliser douze levées. Votre objectif n'est pas, comme contre un contrat de manche, d'affranchir votre longueur en acceptant de donner une levée. Vous devez, au contraire, rechercher l'entame la plus neutre, dans une couleur sans honneur, et laisser vos honneurs réaliser des levées naturelles. Entamez du 9 de Carreau.

♠ 10 7
♥ V 10 9
♦ D 7 5
♣ D 10 8 4 3

la séquence

SUD	OUEST	NORD	EST
1 ♦	Passe	1 ♥	Passe
1 ♠	Passe	2 ♣	Passe
2 SA	Passe	3 SA	Passe
4 SA	Passe	6 SA	Fin

L'ouvreur a utilisé le 2SA mini-maxi pour décrire une main de 18-19 points, en deux temps, et le répondant a accepté la proposition. Trois couleurs sont nommées, mais l'entame sous la Dame de Trèfle peut offrir sa douzième levée au déclarant. L'entame la plus neutre est celle de la séquence à Cœur. Entamez du Valet de Cœur.

♠ V 9 5 2
♥ D 6
♦ D 9 7 4 2
♣ D 5

la séquence

SUD	OUEST	NORD	EST
2 SA	Passe	3 ♣	Passe
3 ♥	Passe	6 SA	Fin

Quand il est impossible de trouver une entame neutre, dans une couleur sans honneur, on recherche en priorité l'entame dans la couleur la plus longue ou sous le plus petit honneur. L'entame sous le Valet de Pique est, ici, plus dangereuse que l'entame sous la Dame de Carreau cinquième. Entamez du 2 de Carreau, la règle de la quatrième meilleure n'existe pas contre un chelem.

♠ V 7 6
♥ D 10 9 3
♦ V
♣ R 10 4 3 2

la séquence

SUD	OUEST	NORD	EST
		1 ♦	Passe
1 ♠	Passe	2 ♥	Passe
2 SA	Passe	3 SA	Passe
6 SA	Fin		

Sur l'expression d'un bicolore cher, 2SA est modérateur ou un relais, dans une main régulière, pour ne pas brûler les étapes. 6SA est une conclusion au poids. Il ne doit pas rester grand-chose chez votre partenaire mais, dans votre jeu, vous avez de bons espoirs de chute. Pour ne pas les compromettre, la meilleure entame est votre singleton à Carreau. Entamez du Valet de Carreau.

♠ R 8 7 4
♥ A 5 2
♦ 9 5 3
♣ 8 7 5

la séquence

SUD	OUEST	NORD	EST
	Passe	1 ♥	Passe
3 ♣	Passe	4 ♣	Passe
4 SA	Passe	5 ♦	Passe
6 SA	Fin		

Le contrat de 6SA est déclaré sur la base de levées de longueurs : six à Trèfle (déjà maîtresses), quatre à affranchir à Cœur, auxquels s'ajoutent les As de Pique et de Carreau. Il est urgent d'affranchir une levée tant que l'As de Cœur est un contrôle. Avec un As dans la main, prenez pour règle d'entamer sous l'honneur le plus élevé, celui qui demande le moins de complément. Entamez du 7 ou du 4 de Pique, la carte a peu d'importance.

♠ D 10 7 6
♥ R 9 5 2
♦ V 10 9 2
♣ 7

la séquence

SUD	OUEST	NORD	EST
2 SA	Passe	3 ♠	Passe
3 SA	Passe	6 SA	Fin

Le diagnostic est moins évident que dans la séquence précédente. Le contrat de 6SA repose sur les points de l'ouvreur et les six cartes à trèfle du répondant promises par le Texas à 3♠. Ce qui doit modifier votre décision est la forte opposition dans trois couleurs et l'espoir d'un mauvais partage des Trèfles. Faites une entame neutre, le Valet de Carreau.

♠ D 6 4
♥ 10 5 3 2
♦ 6 3 2
♣ D 8 4

la séquence

SUD	OUEST	NORD	EST
		1 ♠	Passe
2 ♦	Passe	3 ♠	Passe
4 ♣	Passe	4 ♦	Passe
4 SA	Passe	5 ♠	Passe
6 SA	Fin		

La Dame de Pique placée et les trois petits Carreaux sont plus qu'inquiétants. Dans cette construction, une entame neutre ne peut rien donner de bon. Tenter votre vatout et entamez sous votre seule richesse. Entamez du 4 de Trèfle.

♠ V 8 6 2
♥ V 4
♦ R 10 7 4 2
♣ 9 8

la séquence

SUD	OUEST	NORD	EST
		3 ♣	Passe
6 SA	Fin		

On ne peut pas vraiment savoir quel genre de pari a fait le répondant, mais il est certain que ce saut à 6SA est un « gambling ». Dans ce genre de séquence, vous devez prendre autant de risques que le déclarant et ne jamais chercher à faire une entame neutre. Votre meilleure chance de chute est d'entamer sous le Roi de Carreau, pour parfois découvrir l'As dans la main de votre partenaire ou tout simplement affranchir une levée d'urgence. Entamez du 2 de Carreau.

Alain Lévy

Jouer en flanc contre 6SA

Quand vous êtes en défense contre 6SA, votre but n'est en principe ni d'affranchir des levées, ni de gagner la course de vitesse comme si le contrat était 3SA. Votre objectif est probablement moins noble, plus prosaïque en tout cas : ne pas filer le contrat !

En effet, le déclarant dispose de beaucoup de matériel et, s'il ne compte que onze levées, il sera souvent en mesure de vous mettre à la torture de la défausse. Tantôt vous serez squeezé pour de bon, tantôt vous croirez être squeezé. Voici quatre donnes pour vous entraîner à surmonter ces moments pénibles :

Un peu d'attention

Nord :
♠ D 5 3
♥ R 6 4
♦ D V 10 3
♣ A 8 5

Ouest :
♠ 10 9 8 4
♥ D V 2
♦ 6 5 4
♣ D V 2

la séquence

SUD	OUEST	NORD	EST
		1 ♦	Passe
4 SA	Passe	5 ♦	Passe
7 SA	Fin		

Vous entamez du 10 de Pique. Le déclarant encaisse quatre tours de Pique et quatre tours de Carreau. Aie ! **Vous devez défausser.** Sans information du partenaire, vous ne pouvez venir à bout de ce problème. La première **défausse de ce dernier est le 3 de Cœur. Cela vous éclaire t-il ?**

Le principe est simple : dans ce genre de situation, Est doit défausser en pair impair dans sa couleur longue. Ici, il a montré cinq cartes à Cœur. Le déclarant possède donc deux Cœurs à l'As. Vous pouvez défausser le 2 de Cœur. Même si la seconde carte de Sud est le 10, vous ne lui avez rien donné.

Les quatre jeux

Nord :
♠ D 5 3
♥ R 6 4
♦ D V 10 3
♣ A 8 5

Ouest :
♠ 10 9 8 4
♥ D V 2
♦ 6 5 4
♣ D V 2

Est :
♠ 7 6
♥ 10 8 7 5 3
♦ 9 8
♣ 9 7 6 3

Sud :
♠ A R V 2
♥ A 9
♦ A R 7 2
♣ R 10 4

Si vous avez omis de jeter un œil sur la première défausse du partenaire, vous devrez tirer au sort pour votre défausse et si vous vous trompez, Sud continuera pendant quelques années encore à enchérir à l'emporte pièce.

Magazine
Théorie
Pratique
Jeu de la carte

UN PEU D'EMPATHIE

Ouest	Nord
	♠ A 6 2 ♥ 8 3 ♦ R D V 4 ♣ R 7 6 2
♠ 5 4 ♥ V 9 7 6 ♦ 10 5 2 ♣ D V 10 9	

la séquence

SUD	OUEST	NORD	EST
2 SA	Passe	6 SA	Fin

Vous entamez de la Dame de Trèfle pour le 2, le 8 et l'As. Sud encaisse maintenant quatre Carreaux. Sur le dernier, Est défausse le 4 de Trèfle et Sud le 2 de Trèfle. Et vous, **que défaussez-vous ?**

Vous savez que votre partenaire possède deux ou trois points. Qu'en est-il de sa distribution ? Il possède trois Carreaux et deux Trèfles, donc huit cartes en majeure. Mettez-vous quelques instants dans sa peau : avec une majeure cinquième dans son jeu, il aurait défaussé la plus petite de cette couleur pour éviter de vous mettre à la torture. S'il ne l'a pas fait, c'est qu'il est distribué 4-4 dans les majeures ! Sud n'ayant dès lors que trois cartes à Cœur, il n'y a aucun danger à défausser un Cœur.

Les quatre jeux

Ouest	Nord / Sud	Est
	♠ A 6 2 ♥ 8 3 ♦ R D V 4 ♣ R 7 6 2	
♠ 5 4 ♥ V 9 7 6 ♦ 10 5 2 ♣ D V 10 9		♠ V 9 8 7 ♥ D 5 4 2 ♦ 9 8 6 ♣ 8 4
	♠ R D 10 3 ♥ A R 10 ♦ A 7 3 ♣ A 5 3	

Notez que vous ne pouvez défausser un Trèfle car cela permettrait à Sud d'affranchir le quatrième Trèfle du mort. Notez aussi qu'une défausse à Pique serait catastrophique puisque cela donnerait au déclarant la clé du maniement de cette couleur.

Notez enfin qu'un déclarant très avisé pourrait se livrer à des déductions similaires aux vôtres sur la distribution de votre partenaire et capturer son Valet de Pique quatrième.

UN PEU DE TECHNIQUE

♠ A R 5 3
♥ 7 6 3
♦ D 4 3
♣ A V 4

♠ V 6
♥ 5 2
♦ A 10 9 8 5
♣ 10 9 7 3

la séquence

SUD	OUEST	NORD	EST
2 SA	Passe	3 ♣	Passe
3 ♥	Passe	6 SA	Fin

Ouest entame du Valet de Cœur. Sud joue le 7 de Carreau pour le 6 et la Dame. **Quel est votre plan de défense ?**

Sud possède tous les points manquants. Ceci vous permet de compter ses levées : il est sûr de faire trois Piques, trois Cœurs, deux Carreaux et trois Trèfles, soit onze levées. S'il a un quatrième Trèfle ou encore D10 de Pique troisièmes, vous ne l'empêcherez pas de faire 12 levées. Mais si tel n'est pas le cas, il ne pourra arriver au port que grâce à un squeeze. Avec un peu de bouteille, vous pouvez vous rendre compte que votre partenaire est seul à "tenir" les deux couleurs majeures et s'apprête (peut-être) à passer un mauvais quart d'heure.

Vous n'ignorez pas que, pour parvenir à squeezer Ouest, Sud doit au préalable réduire le compte, c'est-à-dire vous donner la levée à laquelle vous avez droit. Voilà pourquoi vous devez refuser la levée de l'As de Carreau et refuser également le Carreau suivant.

Les quatre jeux

Nord :
♠ A R 5 3
♥ 7 6 3
♦ D 4 3
♣ A V 4

Ouest :
♠ 10 8 7 4
♥ V 10 9 8
♦ 6 2
♣ 8 5 2

Est :
♠ V 6
♥ 5 2
♦ A 10 9 8 5
♣ 10 9 7 3

Sud :
♠ D 9 2
♥ A R D 4
♦ R V 7
♣ R D 6

Sud ne peut jouer Carreau une troisième fois (car cette fois vous pourriez vous laisser aller à mettre votre As !). Dès lors, il n'a aucun moyen d'exercer une pression sur votre gentil partenaire. Il va tirer ses trois Trèfles, ses trois Piques et ses trois Cœurs avant de concéder tristement les deux dernières.

Même si le mot squeeze vous donne des sueurs froides, vous pouvez vous rendre compte que si Sud était à même de jouer trois fois Carreau et trois fois Trèfle, Ouest serait contraint de se séparer d'une carte vitale en majeure.

UN PEU D'ANTICIPATION

♠ A D 5
♥ A D 10 5
♦ 10 9 8 5 2
♣ 10

♠ V 10
♥ 8 4
♦ R D V 4
♣ V 9 5 3 2

N / O / E / S

la séquence

SUD	OUEST	NORD	EST
2 SA	Passe	3 ♣	Passe
3 ♦	Passe	6 SA	Fin

En Ouest, vous entamez du Roi de Carreau pour le 6 de votre partenaire et le 3 du déclarant. **Que rejouez-vous** ?

Là aussi, vous savez beaucoup de choses. Soit votre partenaire est blanc comme neige, soit il possède le Valet de Cœur. Sud possède donc trois levées de Pique, trois levées de Trèfle, une de Carreau et trois ou quatre à Cœur, c'est-à-dire 10 ou 11 levées.

Supposons qu'il ait le Valet de Cœur. Comment pourrait-il s'adjuger une douzième levée et le contrat ?

Poser la question, c'est y répondre ! Il pourrait vous squeezer dans les mineures que vous êtes seul à garder. Dans ce but, le coquin a laissé passer le premier Carreau pour réduire le compte. Si vous persistez à Carreau, Sud va prendre de l'As, encaisser ses Piques puis ses Cœurs. Vous exploserez sur le dernier. Pour mener à bien cette opération, Sud a besoin d'une communication à Trèfle. Voilà pourquoi, à la deuxième levée, vous devez rejouer Trèfle et, tant qu'à faire, le Valet pour éviter que le 10 du mort ne fasse la levée.

Les quatre jeux

Nord :
♠ A D 5
♥ A D 10 5
♦ 10 9 8 5 2
♣ 10

Ouest :
♠ V 10
♥ 8 4
♦ R D V 4
♣ V 9 5 3 2

Est :
♠ 7 6 4 3 2
♥ 9 6 3 2
♦ 6
♣ 8 6 4

Sud :
♠ R 9 8
♥ R V 7
♦ A 7 3
♣ A R D 7

Pierre Saporta

Les chelems à la couleur

Chelems à la couleur : les bons et les mauvais

Tous les joueurs de bridge aiment les chelems. Quel plaisir de réussir un contrat aussi élevé ! Surtout quand on l'a déclaré ! Mais déclarer un chelem à bon escient n'est pas toujours facile, particulièrement à l'atout...

Magazine

Théorie

Pratique

Jeu de la carte

Depuis que monsieur Vanderbilt a amélioré les règles du bridge pour le transformer en bridge-contrat, le jeu qu'aujourd'hui nous pratiquons tous, les primes attachées aux chelems sont fort conséquentes. Il est non seulement amusant, mais très rémunérateur, de déclarer des chelems. Dès lors, on comprend que de nombreux joueurs soient à l'affût de la moindre main qui leur permette d'entretenir quelque espoir d'accéder à ce nirvana.
À telle enseigne qu'une véritable épidémie s'est abattue sur nos clubs : la chelémite, dont les symptômes sont assez aisés à diagnostiquer. En sont atteintes toutes les personnes que rien ni personne ne peut arrêter avant le chelem dès qu'elles ont 17 points en face de l'ouverture, comme toutes celles qui vous expliquent, après avoir chuté leur énième chelem de la semaine : “Oui, mais tout ça, vois-tu, c'est de la pure malchance : si tu avais eu le Valet de Carreau au lieu de ce Valet de Trèfle qui ne me sert à rien, j'aurais eu douze levées de tête…”.

Le syndrome n'est pas facile à traiter : qui peut aller contre le plaisir de tous les joueurs qui se souviendront bien plus du merveilleux grand chelem qu'ils ont déclaré que de tous ceux qu'ils ont chutés ? A ceux qui souhaitent progresser, il faut administrer un sirop amer, parce que mathématique.

L'ARITHMÉTIQUE DE LA MARQUE

Quand est-il profitable de déclarer un chelem ? Quelle que soit la forme de bridge que vous pratiquez, la réponse est à peu près la même et nous est dictée par un calcul simple d'espérance de gain liée à la marque.

Commençons par nous intéresser à la discipline la plus traditionnelle, la partie libre. Pour un petit chelem déclaré, non vulnérable, la prime de chelem est fixée à 500 points.
Imaginons que vous hésitiez à déclarer 6♥. Si vous vous contentez de la manche et si vous faites le chelem, vous allez marquer 480 au lieu de 980, perdant ainsi, bien sûr, la prime afférente de 500 points.
À l'inverse, si vous déclarez le chelem et que vous le chutez, vous perdez, non seulement les 50 points de la chute, mais aussi les 450 points que vous auriez inscrits dans votre colonne en vous contentant de 4♥. Soit (450+50 =) 500 points, là encore.
En d'autres termes, vous avez exactement autant à gagner qu'à perdre en déclarant 6♥ et votre pari est donc justifié dès que votre contrat est à plus d'une chance sur deux. Ce calcul appliqué à un petit chelem vulnérable donnerait exactement le même résultat.

Qu'en est-il en match par quatre ? Le principe est évidemment le même, appliqué cette fois à des points Imp's. Gagner un petit chelem non vulnérable non déclaré dans l'autre salle vous crédite de 11 points Imp's, qui correspondent à notre écart précédent de 500. Et vous perdez 11 points en chutant le même chelem. Là encore, vous êtes fondé à le déclarer dès que ses chances de gain sont supérieures à 50 %.

Notons au passage que ce calcul n'est valide que si vos adversaires ont déclaré la manche. Ce sera le plus souvent le cas, bien sûr, mais il y a des exceptions, particulièrement si vous avez découvert un fit mineur et si vous n'avez pas beaucoup de points d'honneurs dans votre ligne. Il vous faut alors être plus conservateur ; si onze levées seulement sont disponibles à l'atout Trèfle, vos adversaires auront marqué 150 et vous perdrez toujours 11 Imps en déclarant 6♣ : les 5 qui vont être inscrits sur la feuille [(150 + 50) = 200 = 5 imps] et les 6 que vous auriez obtenus en jouant 5♣ [(400 - 150) = 250 = 6 Imps].

En déclarant le chelem, en revanche, vous ne gagnez que 7 Imps : les 13 que vous marquez [(920 - 170) = 750 = 13 Imps] auxquels il faut ôter les 6 qui vous étaient déjà acquis en déclarant la manche. Puisque finalement vous risquez 11 points pour en gagner 7, il vous faut un peu plus de 60 % de chances de réussir votre contrat pour que le jeu en vaille la chandelle.

Et en tournoi par paires ? Là encore, la réponse est très simple si vous pensez que tous les joueurs qui ont vos cartes ont atteint la manche : déclarer un contrat plus rémunérateur que le leur est justifié dès qu'il a plus d'une chance sur deux de réussir, c'est donc vrai aussi des chelems.

Mais rares seront les donnes où quelques paires ne se seront pas fourvoyées dans des contrats aussi inattendus que médiocres, ce qui vous entraîne là encore à une plus grande prudence.

En conclusion, il est en général légitime de déclarer un petit chelem à partir de 50 % de chances de réussite, en adoptant une position plus “tranquille” en tournoi par paires et sans rechercher les exploits.

ET LES GRANDS CHELEMS ?

Il est bien entendu possible de procéder aux mêmes calculs pour ce qui concerne les grands chelems. Intuitivement, déjà, il paraît plus risqué de déclarer un grand chelem pour une simple raison : si l'on chute, ce n'est plus le bénéfice de la manche qu'on perd, mais celui du petit chelem. En fait, on admet communément qu'un grand chelem est déclarable à partir de 70 % de chances de réussite. C'est-à-dire, dans le cadre du jeu à l'atout, qu'on parie sur un partage 3-2 de la couleur d'atout huitième.

Cette règle des 70 %, valable en partie libre et en match par quatre, doit être sérieusement révisée en tournoi par paires. Déclarer un petit chelem étant déjà souvent synonyme d'un bon coup, pourquoi prendre un risque quelconque en annonçant une levée de plus ? Une attitude que John Collings, le champion anglais spécialiste du tournoi par paires, avait résumé de la façon la plus lapidaire possible :

“Les grands chelems en tournoi par paires ? Jamais ! "

Nous voici maintenant fixés sur les conditions théoriques de la déclaration des chelems, petits et grands. En quoi cette connaissance influe-t-elle pratiquement sur les enchères de chelem ? Dans le cadre des chelems à Sans-atout que l'on déclare en

Chelems à la couleur : les bons et les mauvais

En comptant les points d'honneurs, il est à peu près correct de dire que la possession de 33 ou 34 points d'honneurs dans la ligne permet de jouer un contrat qui gagnera en général plus d'une fois sur deux. Le problème de la déclaration des chelems à l'atout est autrement compliqué, aucune évaluation en points d'honneurs, de distribution ou de longueur ne réussissant à rendre compte d'une manière satisfaisante de la valeur de ses cartes en vue du chelem. En contrepartie, la hauteur présumée du contrat final permet d'échanger de nombreuses informations qui rendront la prise de décision moins aléatoire. Une partie importante de ce numéro spécial est consacrée à la présentation des enchères de chelem à l'atout. Vous vous apercevrez que, bien souvent, il est possible de construire une séquence d'enchères où les principaux problèmes sont traités : force globale des deux mains, possession des contrôles et des As nécessaires, atout de qualité suffisante. Sachez-le, cette belle construction ne vous dispensera nullement d'exercer votre jugement, l'ingrédient le plus important dans la déclaration des chelems. Et si vous éprouvez encore quelques difficultés, malgré tous nos efforts, une visite à la première partie de ce supplément devrait vous rassurer. Un rapide survol de quelques chelems historiques vous convaincra, si besoin est, que les plus grands champions ne sont pas à l'abri d'accidents aussi coûteux que spectaculaires, et que les meilleures conventions ont leur limite. Heureusement, d'ailleurs : si tout ceci relevait du domaine de la certitude, où serait notre plaisir de jouer ?

La règle des 50 %

Cette règle des 50 % a une traduction pratique : il faut enchérir le chelem quand celui-ci dépend au pire d'une impasse, l'éviter quand une impasse au moins est nécessaire à sa réussite. Un exemple : vous êtes en Sud avec :

♠ R D 6 3
♥ R D 10 4
♦ 3
♣ A D V 3

la séquence

SUD	OUEST	NORD	EST
		1 ♦	Passe
1 ♥	Passe	1 ♠	Passe
2 ♣	Passe	2 ♥	Passe
3 ♠	Passe	4 ♦	Passe
4 SA	Passe	5 ♥	Passe
?			

Sud a appris que son partenaire possédait quatre cartes à Pique, deux As et pas de contrôle à Trèfle. Il manque donc un As, et le chelem dépend à coup sûr de l'impasse au Roi de Trèfle. Il ne faut pas le déclarer car il peut y avoir d'autres soucis. Par exemple avec, en face :

♠ A 8 5 4
♥ V 7 3
♦ A R D 6
♣ 8 2

Il faut non seulement trouver le Roi de Trèfle bien placé, mais aussi les Piques partagés 3-2, et ne pas subir de coupe à Cœur. Un chelem plus près de 30 % que de 50, finalement…

Philippe Cronier

Des chelems célèbres

Les donnes de chelem sont, par définition, celles qui provoquent les plus gros écarts. Elles revêtent de ce fait, dans les grandes compétitions, un surcroît d'intérêt qui les fait parfois rentrer dans la légende.

Jouer un flanc parfait pour battre un contrat partiel gagné à l'autre table est un plaisir que ne boudent pas les champions. On y gagne, en moyenne, 4 ou 5 IMPs, ce qui n'est pas négligeable. Mais si on les compare avec le pactole que procurent les écarts sur les donnes de chelem, il y a vraiment matière à s'appliquer ! Les différences s'échelonnent cette fois entre 10 et 23 points ! On comprend que les champions soient attentifs à ces donnes, d'autant qu'une étude statistique menée par François Colin a démontré que l'on rencontre une donne de chelem environ une fois sur 15 ou 16. L'objectif de cet article est donc d'observer la manière dont les champions traitent, en attaque comme en défense, ces fameuses donnes.

Il faudrait, bien entendu, plusieurs numéros de *Jouer Bridge* pour retracer l'histoire des chelems à la couleur dans les grandes compétitions. Le lecteur pardonnera le chauvinisme qui a présidé aux choix que nous avons dû faire ! La quasi totalité des donnes relatées ci-dessous fait partie de l'histoire des équipes de France. Toutefois, l'esprit cocardier a ses limites et il ne sera pas question que de succès...

Un swing inoubliable

Il est impossible de consacrer un article à l'histoire des chelems à la couleur sans évoquer une donne qui a déjà fait plusieurs fois le tour du monde ! Elle a été jouée lors de la finale des Olympiades de Valkenburg aux Pays-Bas en 1980. Les protagonistes en étaient les Etats-Unis et la France. Lorsque se présenta la donne 52, les Américains disposaient d'une petite avance.

	♠ 10 ♥ R D 8 ♦ A 10 9 8 3 2 ♣ R 9 8	
♠ D 9 5 3 2 ♥ V 9 5 4 ♦ D 6 4 ♣ 7	N O E S	♠ A R V 8 7 6 ♥ A 10 7 6 3 2 ♦ - ♣ 2
	♠ 4 ♥ - ♦ R V 7 5 ♣ A D V 10 6 5 4 3	

En table 1 où les Français Lebel et Perron étaient en Est-Ouest, la séquence ne fut pas trop mouvementée, et l'on aboutit à un contrat que l'on pourrait juger *normal*...

table 1

SUD	OUEST	NORD	EST
Soloway	Perron	Rubin	Lebel
	Passe	1 ♦	1 ♠
2 ♣	4 ♠	Passe	5 ♣
6 ♣	Passe	Passe	6 ♠
Passe	Passe	Contre	Fin

Michel Lebel, qui n'avait jamais nommé ses six cartes à Cœur, ne souhaitait évidemment pas voir ses adversaires jouer un chelem en mineures. Peut-être entretenait-il même un vague espoir de gagner son

Magazine
Théorie
Pratique
Jeu de la carte

contrat. Toujours est-il que les Américains encaissèrent une levée de chute contrée, soit 200 points. Avec humour, Edgar Kaplan avait même signalé que l'entame de la 4ème meilleure à Trèfle venant de Sud aurait produit une seconde levée de chute !

Les événements se déroulèrent de manière plus dramatique en table 2 :

table 2

SUD	OUEST	NORD	EST
Chemla	Wolff	Mari	Hamman
	Passe	1 ♦	2 ♦
2 ♥	4 ♠	4 SA	5 ♠
6 ♣	Passe	6 ♦	6 ♠
7 ♦	Passe	Passe	Contre

Les enchères s'emballèrent plus rapidement dans la mesure où Bob Hamman en Est avait décidé de nommer son bicolore majeur, contrairement à son homologue de l'autre table.
Paul Chemla fit un cue-bid dans sa chicane avant d'indiquer que son jeu était tout en mineures. Il refusa donc de s'incliner sur 6♠ !
Bob Hamman prit la décision de contrer au lieu de choisir "l'assurance" à 7♠. Il lui fallait maintenant entamer.
On sait ce qu'il advint : au bout d'un insoutenable suspense, il posa l'As de Cœur sur la table, soupçonnant sans doute Chemla d'une quelconque fourberie ! Mari n'eut aucune peine à aligner 13 levées et la donne rapporta 19 IMPs à la France qui prit le commandement au score et ne le lâcha plus.

BONNES ET MAUVAISES DAMES

A Sao Paulo en 1985, les Françaises s'inclinèrent contre l'Angleterre à l'issue de la demi-finale de la Venice Cup après un match où elles avaient commencé par mener largement. Leurs adversaires refirent leur retard puis reprirent l'avantage. La donne suivante, jouée vers la fin du match, offrit à nos représentantes une lueur d'espoir !

	♠ D 7 ♥ 10 8 3 ♦ A R V 8 4 3 ♣ V 8	
♠ A 3 ♥ A D 7 5 ♦ 10 9 6 ♣ D 9 4 2	N O E S	♠ R V 9 8 5 4 ♥ 4 ♦ D ♣ A R 7 5 3
	♠ 10 6 2 ♥ R V 9 6 2 ♦ 7 5 2 ♣ 10 6	

salle ouverte

SUD	OUEST	NORD	EST
Gaviard	Davies	Chevalley	Smith
			1 ♠
Passe	2 ♣	2 ♦	5 ♣
Fin			

Nicola Smith, tout heureuse d'avoir découvert le fit à Trèfle, se compta sans doute trop peu de points pour tenter de jouer un chelem. Elle aligna, à son grand dam, douze levées.

La séquence française fut plus convaincante dans l'autre salle.

salle fermée

SUD	OUEST	NORD	EST
Landy	Willard	Horton	Bessis
			1 ♠
Passe	2 ♣	2 ♦	4 ♣
Passe	4 ♥	Passe	4 SA
Passe	5 ♥	Passe	6 ♣
Fin			

Véronique Bessis donna le fit à un palier inférieur, et l'enchère de 4♥ de Sylvie Willard lui ouvrit les bonnes perspectives. Ces dames n'avaient pas besoin de toutes les Dames car, comme on le voit, les deux Dames rouges sont ici, parfaitement inutiles pour la réalisation du chelem à Trèfle. La présence de la Dame de Trèfle et le manque de résistance de celle de Pique firent parfaitement l'affaire. Il ne fallait pas plus de 21 points d'honneurs pour gagner cet excellent chelem à la couleur !
Malheureusement pour elles et malgré ce swing, les Françaises ne purent totalement remonter leur handicap.

UNE DONNE FATALE

En 1995, les championnats du monde se déroulaient à Pékin. Les équipes de France masculine et féminine avaient remporté leurs poules éliminatoires respectives à la Bermuda Bowl et à la Venice Cup. Elles s'étaient qualifiées ensuite pour les demi-finales, les hommes au détriment de leurs hôtes chinois et les femmes contre l'Afrique du Sud. Leurs parcours respectifs s'arrêtèrent à ce stade. Voici une donne qui ne fut guère favorable à nos couleurs et qui démontre qu'en situation compétitive, les erreurs de jugement peuvent être très coûteuses.

Ouest		Est
	Nord ♠ 10 8 6 5 3 ♥ A V 10 9 5 4 3 2 ♦ - ♣ -	
♠ - ♥ R 8 ♦ V 10 9 7 6 5 4 ♣ D 6 4 2		♠ V 9 7 4 ♥ D 6 ♦ R D 3 2 ♣ R 8 3
	Sud ♠ A R D 2 ♥ 7 ♦ A 8 ♣ A V 10 9 7 5	

Les mêmes donnes étaient jouées à toutes les tables et dans les deux championnats. Observons tout d'abord ce qui s'est passé chez les hommes.

salle fermée

SUD	OUEST	NORD	EST
Hammam	Perron	Wolff	Chemla
1 ♣	4 ♦	5 ♦	6 ♦
6 ♠	Passe	7 ♠	Fin

Sur l'ouverture forte et artificielle d'1♣, le violent barrage à Carreau de Michel Perron prolongé par Chemla n'impressionna pas les Américains qui nommèrent un grand chelem fort convenable en quelques enchères. Pas mécontent du contrat, Est le laissa jouer en paix et inscrivit 100 points dans sa colonne pour un résultat estimé satisfaisant.

Dans l'autre salle, les Français, barrés par leurs adversaires, n'eurent pas l'occasion de découvrir leur fit à Pique.

salle ouverte

SUD	OUEST	NORD	EST
Soulet	Nickell	Reiplinger	Freeman
1 ♣	1 ♦	4 ♥	5 ♦
6 ♣	6 ♦	6 ♥	7 ♦
Passe	Passe	7 ♥	Passe
Passe	Contre	Fin	

Mais alors que les Américains s'étaient aventurés au palier de 7♦, Reiplinger refusa de s'incliner. Il chuta de deux levées contrées pour un débours de 9 IMPs. Ce fut un écart conséquent, car la défense "fantôme" à 7♦ était très onéreuse. On pourra épiloguer sans fin pour savoir lequel des deux joueurs en Nord ou en Sud aurait dû produire le contre punitif salvateur !
Chez les dames, les Allemandes jouèrent en Est-Ouest 5♦ contrés pour 3 levées de chute, tandis que leurs coéquipières gagnaient 6♠.

Un gag inattendu

	Nord	
	♠ 10 9 7 6 5 ♥ 9 7 6 2 ♦ V 6 ♣ D 5	
Ouest ♠ A D 4 ♥ A 10 ♦ A R 10 9 7 2 ♣ A 9		**Est** ♠ V 8 3 2 ♥ R 5 3 ♦ - ♣ R 10 7 4 3 2
	♠ R ♥ D V 8 4 ♦ D 8 5 4 3 ♣ V 8 6	

La donne ci-dessus, jouée lors de la demi-finale France-Chine des Olympiades de 1996 à Rhodes, prouve s'il le fallait que les "pataquès" n'épargnent pas les meilleurs. Elle aurait vraiment mérité d'être filmée !

En salle ouverte, les Chinois Wu et Taï jouaient en EO contre Szwarc Multon. Ils parvinrent au contrat de 3SA et réalisèrent 12 levées, ne concédant qu'un Trèfle.
En salle fermée Lévy-Mouiel furent les héros malheureux de l'accident :

salle fermée

SUD	OUEST	NORD	EST
Lin	Lévy	Shen	Mouiel
Passe	2 ♦	Passe	2 SA
Passe	3 ♦	Passe	4 ♣
Passe	4 SA	Passe	5 ♥
Passe	5 SA	Passe	6 ♣
Passe	6 ♦	Passe	7 ♦ !

Après avoir ouvert de 2♦ forcing de manche et appris que son partenaire n'avait pas une main négative, Alain Lévy souhaitait jouer, on le comprend, à l'atout Carreau. Toutes ses questions visaient à trouver en face les contrôles utiles. Toutefois, lorsque Hervé Mouiel annonça 6♣, Ouest hésita fort longtemps avant de revenir à 6♦. Après tout, sa couleur n'était pas réellement autonome. Mais Est vit les choses différemment et ajouta bravement le septième ! Avant l'entame, Lin, qui était en Sud, posa des réserves sur la donne car la longue hésitation de son adversaire lui paraissait suspecte ! Avec flegme, Hervé Mouiel lui répondit qu'il n'y aurait peut-être pas besoin d'avoir recours à un arbitrage ! On ne saurait trouver les mots pour décrire le visage de Sud à la vue du mort, retenant un éclat de rire qui aurait été désobligeant pour ses adversaires. Le contrat chuta de deux levées et rapporta 13 IMPs aux Chinois. Le résultat eût été autre si la paire française avait joué le contrat de 6♣, imbattable grâce au miracle du Roi de Pique sec ! Quoi qu'il en soit, cette donne n'empêcha pas la France de remporter le match, puis la finale contre l'Indonésie, conservant ainsi le titre qu'elle avait acquis quatre ans auparavant.

En défense aussi

Bien évidemment, les chelems à la couleur ne sont pas tous appelés pour être gagnés ! Certains d'entre eux représentent d'avantageux sacrifices contre un chelem adverse qui ne peut pas être battu. En voici un exemple tiré du triomphal parcours de l'équipe de France à la Bermuda Bowl 1997 à Hammamet en Tunisie. Une victoire qui permit aux Français de reconquérir un titre qui leur avait échappé depuis 1956 !

	♠D ♥V2 ♦AR1094 ♣V10873	
♠A1084 ♥1096543 ♦- ♣AD2	N / O E / S	♠RV6 ♥ARD7 ♦7652 ♣R4
	♠97532 ♥8 ♦DV83 ♣965	

A la table de Mari-Lévy les enchères furent rapides :

salle ouverte

SUD	OUEST	NORD	EST
Freeman	Lévy	Nickell	Mari
			1 SA
Passe	2 ♣	Passe	2 ♥
Passe	3 ♣	Passe	3 ♠
Passe	6 ♥	Fin	

Nickell en Nord n'avait pas jugé utile de mentionner sa couleur à Carreau sur le Stayman. La paire française, elle, atteignit rapidement le palier du chelem. L'enchère de 3♣ d'Alain Lévy montrait un intérêt pour les majeures et Mari mentionna sa force à Pique. 13 levées furent réalisées sans problème. Les Français furent plus offensifs à l'autre table :

Salle fermée

SUD	OUEST	NORD	EST
Chemla	Hamman	Perron	Wolff
			1 SA
Passe	2 ♦	Contre	2 ♥
4 ♦	5 ♦	6 ♣	6 ♦
7 ♦	Contre	Fin	

L'enchère de 2♦ de Bob Hamman était un Stayman forcing de manche. Michel Perron produisit un Contre punitif fort naturel et cela donna des ailes à Paul Chemla. Profitant de la vulnérabilité favorable, Nord indiqua sa seconde couleur à Trèfle, et son partenaire décida bravement de défendre à 7♦. Il concéda tranquillement 5 levées pour une défense qui rapporta 8 IMP's à l'équipe de France. En souvenir des Olympiades de Valkenburg, Wolff et Hamman devront sans doute se faire “exorciser” à chaque fois que Paul Chemla produira contre eux l'enchère de 7♦ !

Ceux qui aiment jouer au bridge à cartes vues n'auraient pas manqué d'appeler le grand chelem à Cœur ! Il faut noter que sur cette donne, la paire française Mari-Lévy fut la seule de toutes les tables à être autorisée à jouer en paix le contrat de 6♥. Un inexplicable assoupissement américain...

Une juste évaluation

L'art d'évaluer la force combinée des deux mains est la marque des bons joueurs de bridge et des bonnes joueuses. En voici une démonstration signée de la paire Danièle Gaviard et Catherine d'Ovidio lors des championnats d'Europe de 2004 dans le match qui les opposait aux Autrichiennes :

	♠ 10 9 ♥ R 4 ♦ 10 4 ♣ D V 9 7 6 4 3	
♠ V 7 4 ♥ A 10 9 8 7 ♦ R V 6 3 ♣ A	N / O / E / S	♠ A R 6 5 2 ♥ 6 2 ♦ A D 9 7 5 2 ♣ -
	♠ D 8 3 ♥ D V 5 3 ♦ 8 ♣ R 10 8 5 2	

la séquence

SUD	OUEST	NORD	EST
-	Gaviard	-	d'Ovidio
			1 ♠
Passe	2 ♥	Passe	3 ♦
Passe	3 ♠	Passe	4 ♠
Passe	4 SA	Passe	5 ♣
Passe	6 ♦	Fin	

La séquence, quelque peu "canapé", de Catherine d'Ovidio n'empêcha pas Danièle Gaviard d'évaluer justement la valeur de soutien de sa main à l'atout Carreau et, présumant que les Piques de sa partenaire n'étaient pas tous maîtres, elle s'arrêta au petit chelem. Ce juste raisonnement provoqua un swing juteux car, à l'autre table, les Autrichiennes eurent l'imprudence de s'aventurer jusqu'au grand chelem sans position gagnante.

Un contrepied suédois

Les chelems à la couleur peuvent être aussi rémunérateurs quand on sait les éviter ! En voici l'illustration ci-dessous par le Suédois Tommy Gullberg lors des championnats d'Europe 1999.

	♠ 10 8 2 ♥ 8 ♦ V 10 5 3 ♣ V 10 9 8 4	
♠ 5 3 ♥ A 10 6 4 3 ♦ 6 2 ♣ A 7 6 3	N / O / E / S	♠ A R D 7 6 4 ♥ R V 7 2 ♦ R 9 ♣ R
	♠ V 9 ♥ D 9 5 ♦ A D 8 7 4 ♣ D 5 2	

la séquence

SUD	OUEST	NORD	EST
-	Andersson	-	Gulberg
	1 ♥	Passe	2 SA*
Passe	3 ♣	Passe	3 ♦
Passe	3 ♥	Passe	3 ♠
Passe	3 SA	Passe	4 ♣
Passe	5 ♣	Passe	6 SA
Fin			

L'enchère de 2SA indiquait le fit à Cœur. Par la suite, Gullberg, qui avait bien compris que l'ouverture de son partenaire était minimum, souhaitait légitimement protéger son Roi de Carreau à l'entame. Toutefois, il ne chercha pas à imposer ses beaux Piques et ne mentionna sa couleur qu'une fois.

Déclarant au contrat de 6SA, il reçut l'entame du Valet de Pique. Sur les cinq autres tours de la couleur qui suivirent, Sud se sépara de trois Carreaux et, un peu plus douloureusement, d'un Trèfle. Tout ceci permit au champion suédois de se poser les bonnes questions après avoir choisi la bonne enchère. Pourquoi Sud avait-il choisi l'entame plutôt dangereuse d'un Valet second que celle présumée "neutre" à Cœur dans le fit adverse ? La pertinence de la question entraîna la bonne réponse. Après avoir joué son Roi de Trèfle, il laissa courir le Valet de Cœur. Ces 13 jolies levées procurèrent 13 jolis points à la Suède.

Jacques Sélamé

Blackwood existe, je l'ai retrouvé !

Contrairement au Texas, qui n'est même pas né au Texas, contrairement au Stayman, imaginé par un autre, le Blackwood porte bien le nom de son inventeur...

Né presque avec le siècle - le 25 juin 1903 - et mort... presque avec lui - le 27 mars 1992, Easley « R ». Blackwood, père de la convention qui porte son nom, a donc eu une longue vie. Il est né à Birmingham, en Alabama, et a connu le bridge contrat à ses débuts - les archéologues débattent de savoir s'il a joué à l'antique " bridge aux enchères " dans son jeune temps, ce qui est assez probable.

Installé à Indianapolis, où il a passé l'essentiel de sa vie, il devient agent d'assurances, une profession qui n'est pas incompatible avec le bridge. Un domaine où il se distingue vite par son sens aigu des enchères.

Pas dans la ligne

L'histoire dit que c'est en 1933 qu'il met au point la fameuse convention destinée à connaître le nombre d'As chez le partenaire. Deux ans plus tard, il soumet son idée au prestigieux Bridge World, mais son article, pourtant malicieusement signé Ernest Wormwood, est refusé au motif que ladite convention n'entre pas dans la ligne du magazine. Son rédacteur en chef, Albert Morehead, l'avait pourtant jugée " bonne ". Mais les experts ne juraient alors que par les (4-5)SA d'Ely Culbertson. C'est le bouche à oreille qui fit le succès de la convention magique. Le Bridge World finit par la publier en 1938, mais ce n'est pas avant 1949 que le " Blackwood " fut incorporé dans le Système Culbertson.

Pour promouvoir sa vision du bridge et des enchères de chelem, Easley Blackwood sut prendre la plume. Dès 1941, avec la collaboration du journaliste Charlton Wallace, il publie à Minneapolis ce qui deviendra sa contribution la plus décisive, Blackwood slam bidding. En se mettant ainsi en avant, on notera que notre agent d'assurances n'en manquait pas... En 1949, paraît à Indianapolis un ouvrage plus général, *Bridge Humanics*. Puis c'est *Blackwood on bidding* en 1956.

Devenu professionnel de bridge, Easley Blackwood fonda en 1964 Blackwood Enterprises qui comprenait un club et organisait des croisières de bridge dont il fut l'un des pionniers. Depuis longtemps membre de l'American Contract Bridge League, Blackwood en devint le Secrétaire général en 1968, poste qu'il occupa pendant trois ans, jusqu'en 1971. Il fut aussi très actif dans la Commission de codification.

Le temps des honneurs

Reprenant la plume et toujours capitalisant sur son nom, Blackwood publia *Blackwood on slams* - évidemment - en 1970. Puis s'enchaînèrent ses derniers livres : *Winning Bridge with Blackwood* en 1977, *Play of the Hand with Blackwood* en 1978 et *The complete book of opening leads* en 1983. Vint aussi le temps des honneurs. La ville

d'Indianapolis ne fut pas ingrate pour l'enfant du pays : son maire proclama le 28 octobre 1977 " Journée Easley Blackwood ". L'année suivante l'American Bridge Teachers Association le faisait Membre d'honneur ; en 1980, c'était au tour de l'ACBL. L'International Bridge Press Association le distingua en 1984. Il est inscrit au " Hall of Fame " de l'ACBL.
Easley Blackwood tint les cartes jusqu'au bout, même quand sa santé déclina. On dit qu'il aimait aussi les échecs et la musique. Joueur lui aussi, mais de piano, théoricien et compositeur de talent, élève d'Olivier Messiaen, Paul Hindemith et Nadia Boulanger, l'autre Easley Blackwood est né à Indianapolis en 1933, l'année même où son non moins illustre père inventait sa convention ! Il est aujourd'hui professeur émérite de l'Université de Chicago.

Thierry Depaulis

Déclarer un chelem à l'atout

Depuis les temps héroïques des interrogatives Culbertson jusqu'aux plus récents développements de divers Blackwood, nul mois ne se passe sans qu'émerge la nouvelle convention imparable qui va permettre à chacun de maîtriser la déclaration de ces contrats si attrayants. Pourtant, l'essentiel n'est pas là. Depuis une vingtaine d'années, les champions français ont explicité une démarche pour atteindre le chelem. À partir de la Majeure cinquième à la française, ils en ont défini les étapes et les procédures correspondantes. L'ensemble forme un tout cohérent... et plutôt efficace, qu'Alain Lévy a accepté de présenter dans ce *Jouer Bridge* hors-série. Nul mieux que le triple champion du monde n'était qualifié pour le faire.
De la compréhension à la pratique, il y a un fossé que l'entraînement permet de combler. Pour vous y aider, nombre de pages de cette première partie sont consacrées à des exercices, comparables à ceux que vous retrouvez chaque mois dans la revue.

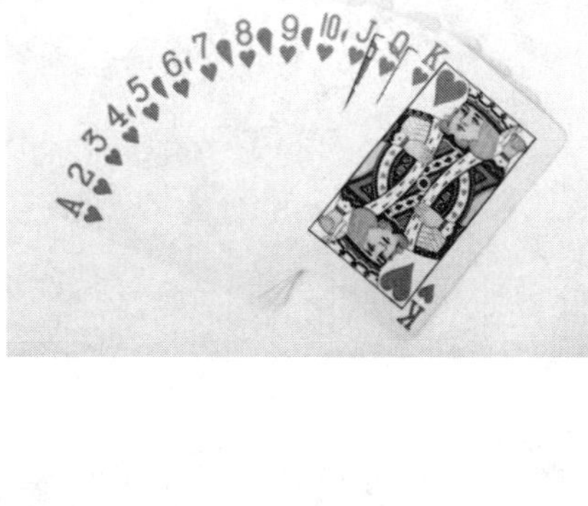

Nécessaire de chelem

Pour gagner un chelem, un certain nombre de facteurs doit être réuni. Dans ce premier article, essayons de les recenser, nous verrons plus loin comment diagnostiquer la présence du matériel nécessaire.

Sans accorder un crédit illimité au facétieux adage qui dit que "les bons chelems sont ceux qui gagnent !", il ne faut pas perdre de vue la finalité d'une bonne séquence de chelem : déclarer un contrat qui gagne, et donc, disposer d'une ligne de jeu, plus ou moins probable, permettant de réaliser douze levées, sans en perdre deux.
En quelques mots, tout est dit :

Probabilité de réussite
Elle doit dépasser les 50 %.

Réaliser douze levées : le matériel
Les levées d'honneurs.
Les levées de longueur.
Les levées de coupes.

Ne pas perdre deux levées
Les contrôles.
Le Blackwood.
La qualité de l'atout.
La chronologie des renseignements échangés avant de conclure au chelem doit se faire en trois étapes, en parallèle aux priorités. Alors, l'évaluation de la qualité du contrat devient possible.

L'EXPRESSION DU FIT

Le fit doit être donné le plus rapidement possible, en précisant, à tour de rôle, la force et le nombre d'atouts. Retarder sans raison le soutien est l'erreur la plus fréquente commise par les joueurs qui dominent mal leur technique d'enchère. Voici quelques exemples de ces erreurs en Sud.

Main de Sud

♠ D V 8 7 4
♥ D 9 5
♦ 10 7
♣ R 7 3

la séquence

SUD	OUEST	NORD	EST
		1 ♥	Passe
?			

ERREUR : 1♠ au lieu de 2♥
Réponse irréfléchie, car mal anticipée. Si l'ouvreur dit 2♣ ou 2♦, 2♥ deviendra une préférence indiquant deux cartes à Cœur.

Main de Sud

♠ A 10 7 4
♥ D 9 6 2
♦ R V 5
♣ 9 8

la séquence

SUD	OUEST	NORD	EST
		1 ♥	Passe
?			

ERREUR : 1♠ au lieu de 3♥
Au deuxième tour d'enchère, l'expression de ce soutien encourageant avec quatre atouts est impossible.

Main de Sud

♠ D 5
♥ R D 6 3
♦ 10 6
♣ A R V 10 4

la séquence

SUD	OUEST	NORD	EST
		1 ♠	Passe
2 ♣	Passe	2 ♥	Passe
?			

ERREUR : 3♦ au lieu de 3♥
A condition de savoir qu'après un changement de couleur deux sur un les soutiens au palier de 3 sont forcing.

Main de Sud

♠ R V 6 2
♥ D 7
♦ A 10 9 6 4
♣ A 8

la séquence

SUD	OUEST	NORD	EST
		1 ♠	Passe
2 ♦	Passe	3 ♥	Passe
?			

ERREUR : 4SA au lieu de 3♠
Pas de Blackwood tant que l'interprétation est sujette à caution, sans fit établi. Vous savez déjà que vous allez déclarer 6♠ ou 7♠, pas votre partenaire.

Main de Sud

♠ R D V 8 6 5
♥ D 6
♦ V 10 4
♣ A 8

la séquence

SUD	OUEST	NORD	EST
		1 ♦	Passe
1 ♠	Passe	2 SA	Passe
?			

ERREUR : 3♣ au lieu de 3♠
Ce qu'on appelle l'auto-fit, est le meilleur moyen d'ouvrir la voie aux enchères de chelem.

Main de Sud

♠ A 9 7 4 3
♥ V
♦ D V 10 6 4
♣ A 7

la séquence

SUD	OUEST	NORD	EST
		1 ♥	Passe
1 ♠	Passe	3 ♦	Passe
?			

ERREUR : 4♣ au lieu de 4♦
Commencer par ce que l'on croit être une enchère de contrôle, avant d'établir la couleur d'atout est une des erreurs favorites, et difficile à corriger, des joueurs qui ont un certain bagage technique.
La responsabilité peut être attribuée à la notion de “soutien contrôle” mal assimilée. Vous ne devez l'utiliser que lorsqu'il est le seul moyen d'indiquer correctement un soutien. Exemple :

Main de Sud

♠ A R 9 5
♥ D V 7
♦ A R D 9 7
♣ 8

la séquence

SUD	OUEST	NORD	EST
1 ♦	Passe	1 ♠	Passe
?			

Vous devez dire 3♥ ou 4♣ selon que vous préférez les Splinters (4♣) ou le "super forcing" (3♥). Attention, 4♠ décrirait une main sans singleton.

Réunir tous ces éléments demande une précision d'horloger tout au long de la séquence. Et force est de constater, que tout simplement par manque d'espace, même avec une technique sans faille, la qualité du chelem va souvent dépendre de détails indéfinissables.

FAIRE SON PLAN DE JEU PENDANT LES ENCHÈRES

Il ne faut pas inverser les priorités. Contrôler toutes les couleurs et vérifier qu'il ne manque pas deux cartes clés ne vous permet pas nécessairement de réaliser douze levées. Pour en arriver là, vous devez imaginer comment vous aller jouer votre contrat, couleur par couleur, comme à la vue du mort après l'entame et arriver au total de douze levées.
Les levées d'honneurs, les coupes, l'affranchissement de la couleur secondaire doivent être diagnostiqués avant les enchères de conclusion, sous peine d'enchérir des chelems sans position gagnante.

Exemples :

Nord
♠ A V 6
♥ A 6 3
♦ 9 7 3
♣ A V 10 5

Sud
♠ R D 10 8 5
♥ R 7 4
♦ 5
♣ R D 9 8

la séquence

SUD	OUEST	NORD	EST
1 ♠	Passe	2 ♣	Passe
3 ♣	Passe	3 ♠	Passe
4 ♦	Passe	4 ♥	Passe
4 SA	Passe	5 ♣	Passe
6 ♠	Fin		

Séquence typique d'experts malheureux. Le double fit est découvert, une parfaite concordance d'honneurs, avec les huit cartes clés dans le bicolore, pour un chelem à 0 %. A ce terrible constat s'ajoute le fait qu'à l'atout Trèfle, à contrario, il y a douze levées de tête (voir plus loin, le matériel).

Nécessaire de chelem

♠ A R 8 7 2
♥ 4
♦ 8 3
♣ A R D V 9

N
O E
S

♠ D V 9 6 4
♥ A R 5
♦ D 10 5
♣ 10 5

la séquence

SUD	OUEST	NORD	EST
1 ♠	Passe	2 ♣	Passe
2 ♠	Passe	3 ♠	Passe
4 ♠	Passe	5 ♣	Passe
5 ♥	Passe	5 ♠	Fin

Les deux chelems, à Pique et à Trèfle, doivent être évités, certes, mais l'un (à Trèfle) est sans espoir, par manque de levées, l'autre (à Pique) gagne sur trois entames sur quatre.

Douze avant deux

Quand vous avez trouvé comment réaliser douze levées, les gagnantes, vous devez vous préoccuper des perdantes.
1- Assurez-vous de ne pas perdre les deux premières levées dans une couleur. Les contrôles vous permettront de réaliser cet objectif.
2- Ne pas jouer de chelem avec deux cartes clés absentes. Le Blackwood à 5 clés (les quatre As et le Roi d'atout) vous facilitera la tâche.
3- Ne pas se retrouver avec deux perdantes à l'atout. Nous verrons comment interroger le partenaire sur la qualité de ses atouts.
4- Diagnostiquer les perdantes inévitables, en particulier dans la couleur secondaire. Exercice délicat.

Tout cela vous conduit à estimer votre probabilité de réussite. Naturellement, le bridge ne se joue pas à cartes ouvertes et parfois, même à cartes ouvertes, calculer cette probabilité est difficile. D'autant qu'il n'est pas toujours aisé de tenir compte de la présence ou de l'absence de cartes intermédiaires. On vous l'a déjà dit dans ce hors-série : un petit chelem doit donc avoir une probabilité de réussite supérieure à 50 %.
En conclusion, pour le déclarer, comptez douze levées, assurez-vous qu'il n'y a pas deux perdantes inéluctables, et priez. Après tout, si vous avez été trop optimiste, un chelem qui gagne est un bon chelem !

Alain Lévy

Le diagnostic du matériel

Atouts convenables, cartes clés en nombre suffisant, valeurs de coupe ou couleurs longues à affranchir, le matériel nécessaire au gain d'un chelem est varié. Comment s'assurer que les deux mains combinées le possèdent ?

Je ne vais rien vous apprendre en vous rappelant que le jeu est partagé entre les deux mains du camp.

A un moment variable de la séquence, un des deux joueurs détient suffisamment de renseignements pour poser la dernière pierre de l'échafaudage, le bon vieux Blackwood, parfois même pour conclure.

La difficulté est de définir ce moment, et pour y arriver, de franchir les différentes étapes qui vont, par des enchères de plus en plus précises, exprimer le soutien, la force globale, la distribution, les singletons et les longueurs résiduelles, la localisation des honneurs. Tout va dépendre de la précision de l'expression du soutien.

Les soutiens directs

Naturels ou artificiels, les soutiens directs sont précis et transfèrent au partenaire la décision d'engager une procédure de chelem. Celui-ci doit évaluer son jeu et commencer à imaginer comment, en face d'une main banale mais définie de son partenaire, il peut développer douze levées.

Attention, il faut considérer une main moyenne du partenaire, et non pas chercher à dénicher LA main sur mesure.

Cette dernière remarque est importante. Vous entendrez souvent un joueur justifier sa décision ainsi :

- « Si tu as le Roi de Cœur second, la Dame de Carreau et le Valet de Trèfle, je table douze levées ».

C'est une approche perdante, une mauvaise philosophie des enchères de chelem.

Quelques séquences à connaître et reconnaître :

1♠ Passe 3♠
11-12 points HLD et quatre atouts.

L'ouverture d'1♠ dépasse rarement les 20 points d'honneurs ; pour envisager un chelem, faites plutôt confiance à votre distribution, autour de bicolores concentrés.

Exemples :

♠ ADV75
♥ RD8
♦ A7
♣ R63

Vous avez trouvé une main pour douze levées ? Bravo ! Oubliez-la et concluez à 4♠ !

♠ AR9853
♥ -
♦ ARD4
♣ V109

La découverte du contrôle à Trèfle est suffisante pour jouer un bon chelem. Afin de transmettre cette information à votre partenaire, annoncez 4♦. Si ce dernier n'a pas de contrôle à Trèfle, il reviendra à 4♠.

1♠ Passe 4♦
Splinter, 7-10 honneurs, quatre atouts.

Une séquence où le plan de jeu à l'enchère est facile à faire.
Comptez sur deux cartes utiles chez le répondant (avec moins de jeu, il doit se contenter de bondir à 4♠), et appréciez votre couleur secondaire en face du singleton.
Exemple :

♠ A D 10 7 4
♥ A D
♦ A 8 7 6 2
♣ 3

Difficile d'imaginer une main avec laquelle le chelem, même avec 23-24 points d'honneurs en ligne, ne soit pas excellent.

1♠ Passe 3SA
11-13 points HL, jeu régulier avec quatre atouts.

Réalisez rapidement qu'avec deux jeux réguliers vous devez avoir autour de 31-32 points d'honneurs pour envisager douze levées.
Sans cette convention, il y a peu d'espace pour développer les enchères, et l'ouvreur devra faire preuve de discernement pour explorer les possibilités de chelem.
Exemple :

♠ R D 10 6 5
♥ R 6
♦ A D V 6
♣ A 8

En moyenne, vous avez besoin de trois cartes utiles pour le chelem et ce n'est pas trop demander.
A contrario, si vous arrivez à apprendre qu'il manque un As et le Roi de Carreau, arrêtez-vous au palier de cinq.

1♦ Passe 1♠ Passe
3♠
14-16 honneurs, jeu irrégulier.

Attendez-vous à une distribution 5-4 de l'ouvreur, accompagnée le plus souvent d'un singleton à Trèfle ou à Cœur. Autrement dit, n'oubliez pas que votre partenaire n'a pas ouvert d'1SA.

Exemples :

♠ A D 10 7 4 3
♥ 10 7
♦ R V 4
♣ 9 6

Comptez onze levées statistiques entre les Piques et les Carreaux, vérifiez les contrôles et le nombre d'As, et le tour est joué.

♠ V 6 5 2
♥ R D 7
♦ 9 6 3
♣ A R D

Il manque A R D d'atout, l'As de Cœur et A R D de Carreau. L'ouvreur ne peut détenir six de ces sept cartes. Concluez à 4♠.

1♦ Passe 1♠ Passe
4♠
18-19 points d'honneurs, jeu régulier.

Appréciez le côté répétitif, et donc reposant, du raisonnement. En face d'une distribution régulière de 18-19 points d'honneurs, il en faut un minimum de 13-14 avec un jeu régulier pour envisager un chelem à huit atouts.
Au contraire, avec un ou deux atouts surnuméraires, et un peu de distribution, la zone de points nécessaire à l'exploration du chelem baisse rapidement.

Les soutiens différés

Les choses se compliquent avec les soutiens différés, car il y a beaucoup d'incertitudes sur les forces en présence, et préciser ces forces devra être la première chose à faire dans la suite de la séquence. Attention, la procédure est également différente, car l'expression forcing du soutien, lance d'elle même l'exploration du chelem.
Le premier écueil à franchir avec succès est de distinguer les jeux qui justifient un soutien forcing, et savoir, dans la négative, sauter à la manche.
Pour généraliser, un soutien forcing s'exprime quand un chelem est possible, en face d'une main moyenne du partenaire, dans le cadre de sa redemande. Je vous propose un petit jeu.
Vous relevez :

♠ AV6
♥ A85
♦ 643
♣ AV82

Votre partenaire ouvre d'1♠ et vous répondez classiquement 2♣.
En face de quelle redemande sautez-vous à 4♠, quand préférez-vous un soutien forcing à 3♠ ?
Pour vous aider (ou vous tromper !), je vous offre la zone de points définie par la redemande, zone que vous devez absolument connaître.

1- 1♠ 2♣
2♦ = 11-20 points d'honneurs.

2- 1♠ 2♣
2♠ = 11-20 points d'honneurs.

3- 1♠ 2♣
2SA = 15-17 points d'honneurs.

4- 1♠ 2♣
3♣ = 11-20 points d'honneurs.

Muni de ces précieux renseignements, à vous de choisir votre deuxième enchère sur ces différentes redemandes de l'ouvreur.

1- : 4♠. Les trois petits Carreaux sont un obstacle trop difficile à franchir pour proposer un chelem. L'ouvreur a encore le droit de reparler si son seul problème est le nombre d'As.

2- : 4♠. L'ouvreur a une distribution régulière, ou un unicolore sixième avec lequel il s'est contenté d'une répétition sans saut. Avec un septième Pique, il peut reconsidérer son jeu à la hausse.

3- : 4♠. Vous connaissez la musique. Deux jeux réguliers, un fit 5-3, 30 points d'honneurs : pas de chelem. Remarquez qu'en face d'une main optimale du genre :

♠ RD975
♥ RD8
♦ A65
♣ R4

le chelem est à 50 %. Mais changez le Roi de Trèfle en Dame, et le contrat devient ridicule. Or, l'ouvreur ne manquera pas de le déclarer si vous l'encouragez à 3 ♠.

4- : 3♠. Le double fit, l'espoir légitime d'un singleton utile à Cœur ou à Carreau, ouvre des portes vers le chelem.

En résumé
Trois As sont une plus-value indiscutable dans le jugement d'une main. Mais cela ne peut compenser :
- Un soutien de trois cartes seulement.
- L'absence de valeur de coupe.
- Pas de longueur affranchissable.
Bref, une distribution 4-3-3-3 est un gros handicap. Transformez la main ci dessus en celle-ci :

♠ A V 6 4
♥ A 8 5
♦ 2
♣ A V 8 7 4

et toutes les routes vers le chelem s'ouvrent ! La main du répondant possède tous les ingrédients qui favorisent la réalisation d'un chelem :

L'atout surnuméraire

Le passage de huit à neuf atouts et à fortiori dix, est un élément décisif de l'évaluation d'une main. Si le système n'a pas permis d'exprimer la longueur du soutien, le tour donné à la séquence devra en tenir compte.

Les cartes clés

Les quatre As, le Roi et la Dame d'atout, mais aussi la Dame dans la couleur secondaire, forment les clés de voûte des chelems à la couleur. Avant d'être amené à les annoncer en réponse à une question précise, au risque de dépasser alors le palier de sécurité, leur présence permet d'affiner le jugement des mains à la limite de l'expression du soutien forcing.

Le singleton

La performance d'un système peut s'établir sur la connaissance de ce singleton. Le "Mini Mir" des enchères de chelem, "tout petit mais fait le maximum", grâce à sa triple action :

- Offrir des levées de coupe
- Empêcher le contrat de chuter
- Conserver le potentiel d'honneurs intact.

La couleur secondaire

C'est très simple. De la longueur de cette couleur dépend le nombre de levées à y affranchir. Comparez :

♣A V 6 ♣A V 8 6 ♣A V 8 6 4
♣A V 8 6 4 2,

Sans oublier que l'enchère de 2♣ n'a pas permis d'exprimer la qualité de la couleur.

Contrôle facultatif

Prenez maintenant les cartes de l'ouvreur, quand il a reçu un soutien forcing à 3♠ dans les quatre séquences envisagées.

Son premier rôle est d'accepter ou de refuser l'exploration du chelem, en fonction de la force de son jeu, et compte tenu de ce qu'il a déjà promis. Ne faites pas l'erreur de penser qu'il est tenu de nommer un contrôle sous prétexte que son partenaire a exprimé des ambitions de chelem.

En fait, il a trois attitudes possibles :

- Nommer la manche, 4♠, pour modérer les ardeurs du répondant. Il indique ainsi une main minimale en force, sans grosse plus-value distributionnelle.
- Faire une enchère de contrôle, ou, exceptionnellement, poser le Blackwood, premier signe vers la déclaration du chelem, dès que sa force et sa distribution le lui autorisent.
- Recourir à une enchère conventionnelle, 3SA, le "oui mais" des Français ou "good bad" anglo-saxon, avec une main certes positive, mais handicapée :
  - par des mauvais atouts
  - par une distribution régulière
  - par un singleton dans la couleur du partenaire
  - par un emplacement inadapté des honneurs

Remarque :

La première utilisation de ce 3SA était limitée à l'expression de mauvais atouts. Si une interprétation unique facilite le développement des enchères, cette restriction diminue sensiblement sa fréquence d'emploi, et donc, son efficacité. Ajoutez à cela l'apparition récente, mais rapidement intégrée dans le système par la majorité des joueurs de compétition, du Blackwood aux cinq cartes clés qui résout la majorité des problèmes d'atout.

Quelques exemples pour mettre tout ceci en pratique :

Séquence 1

1♠ 2♣
2♦ 3♠
?

Quelle est votre enchère avec ?

♠ R9864
♥ D5
♦ AR95
♣ V7

4♠. Pour déclarer un chelem, le répondant doit pouvoir reparler.

♠ AV1063
♥ 5
♦ A986
♣ RD7

4♣. Rien de trop, mais quelle main élégante.

♠ RD976
♥ DV7
♦ DV85
♣ A

3SA. Costaud, mais peu engageant.

Séquence 2

1♠ 2♣
2♠ 3♠
?

Quelle est votre enchère avec ?

♠ D8762
♥ RD7
♦ AD8
♣ 74

4♠. Ne dites pas 3SA sous prétexte que vous avez de mauvais atouts, il s'agirait d'une enchère positive.

♠ RD7543
♥ R5
♦ AV7
♣ 85

4♦. Le sixième atout est pratiquement suffisant pour réévaluer votre jeu. Vous êtes loin d'avoir une main minimale. Comparez avec la main précédente...

♠ AR9764
♥ D6
♦ DV8
♣ DV

3SA. Merci à l'inventeur de la convention qui convient parfaitement à cette main.

Séquence 3

1♠ 2♣
2SA 3♠
?

Quelle est votre enchère avec :

♠ RD875
♥ RD6
♦ DV5
♣ R5

4♠. Sans As, minimisez la main.

Magazine Théorie Pratique Jeu de la carte

♠ AV1095
♥ A92
♦ A74
♣ R5

4♣. Avec le même nombre de points, la différence avec la main précédente est énorme.

♠ D8754
♥ RD7
♦ AD8
♣ D8

3SA. Dans cette séquence où l'ouvreur a précisé sa main, l'information sur les mauvais atouts est prioritaire.

Séquence 4

1♠ 2♣
3♣ 3♠
?

Quelle est votre enchère avec :

♠ A9542
♥ R5
♦ A7
♣ D875

4♠. Les deux couleurs noires sont trop creuses pour accepter la proposition de chelem.

♠ RD976
♥ A76
♦ 5
♣ RD96

4♣. Plus judicieux que 4♦, avec l'idée d'orienter l'issue du contrat vers l'atout Trèfle.

♠ AR976
♥ R5
♦ 62
♣ RD87

3SA. Distribution régulière, mais jeu positif.

Résumé

La deuxième enchère de l'ouvreur a apporté de précieux compléments d'information, en force et en distribution. Après l'expression forcing du soutien, le troisième tour d'enchères doit affiner la description de la main, évidemment réévaluée par la découverte d'un fit.

Trois options : **NON**
OUI
OUI MAIS

Le choix entre ces trois options est conditionné par le jugement de la main, et le bon déroulement de la séquence d'enchères en dépend.

Les quatre critères évoqués plus haut, atout surnuméraire, cartes clés, singleton, longueur secondaire, restent incontournables, mais :

- Un singleton dans la main longue est rarement pourvoyeur de levées.
- Le singleton dans la couleur secondaire du répondant est à double tranchant.
- Dans une main exprimée par une enchère de bicolore, la distribution 5-4-2-2 est une moins-value.
- Un sixième atout dans la main du déclarant est une réelle plus-value.
- Dans une main connue régulière, l'emplacement et la qualité des honneurs sont essentiels.

En particulier, les deux Dames et même les Valets dans les couleurs cruciales, atout et première couleur du répondant, ont un rôle prépondérant dans l'évaluation de la main.

LE MÉCANISME DES CONTRÔLES

Il y a deux types de contrôles :
Les contrôles d'honneurs
L'As, contrôle du premier tour.
Le Roi contrôle du second tour.
Les contrôles par la coupe
La chicane, contrôle de premier tour.
Le singleton, contrôle de second tour.

La nomination d'un contrôle transmet deux messages :
- Proposer ou accepter l'exploration du chelem.
- Indiquer que l'adversaire n'est pas en mesure, à coup sûr, d'encaisser les deux premières levées dans cette couleur.
La précision "à coup sûr" a son importance. De nombreux joueurs craignent de nommer un Roi isolé au mort car il pourrait fort bien être capturé, dès l'entame, par l'As de l'adversaire de droite, avec perte de deux levées immédiates.
Cet accident est évidemment possible, mais votre devoir est de nommer ce contrôle, à l'instar d'un singleton ou d'une chicane, d'un As ou d'un groupe Roi Dame. Indispensable en face de la Dame du déclarant, correct sinon pour jouer un chelem sur une impasse, utile enfin pour reconsidérer techniquement la situation si ce contrôle est contré.

La marche à suivre
1- Il n'y a aucune priorité dans la nomination d'un contrôle du premier tour par rapport à celui du deuxième tour. Autrement dit, vous pouvez aussi bien déclencher le processus des contrôles par la nomination d'un Roi avant celle d'un As. A contrario, pour une meilleure évaluation du matériel en présence, il vaut mieux éviter de commencer par un contrôle de coupe.

2- Pendant de nombreuses années la chronologie de la nomination des contrôles a obéi au principe d'économie. Ce principe tient à l'obligation de nommer le contrôle le plus économique, en terme de couleur, et, qu'en conséquence, sauter un contrôle dénie sa possession. L'expérience a prouvé que cette méthode n'était pas efficace. Exemple :

♠ A R 10 8 6 4
♥ 8 4
♦ A R 7 2
♣ A

Dans un début de séquence :
1♠ 3♠
où à l'évidence un chelem doit être exploré, commencer automatiquement par nommer son contrôle Trèfle, 4♣, ne résoudrait pas le problème du déclarant si le répondant continue par 4♦. Il est beaucoup plus habile de dire 4♦ pour poser le Blackwood sur 4♥ et s'arrêter à 4♠ dans le cas contraire.
Ce principe risque de changer vos habitudes. L'enchère de 4♦ ne dénie pas le contrôle Trèfle, et en conséquence, l'enchère de 4♥ n'a plus aucune raison de le promettre. Si on va plus loin, dans ce type de séquence, l'enchère de contrôle à 4♦ garantit la présence du contrôle Trèfle.
Essayons de comprendre pourquoi en modifiant légèrement la main de notre exemple : cette fois-ci, l'ouvreur doit prendre connaissance du contrôle à Trèfle le plus rapidement possible.

♠ A R 10 8 6 4
♥ A
♦ A R 7 2
♣ 8 4

Nommer un contrôle à Carreau ne résout rien, en tout cas pas avant le désagréable palier de 5. Le seul artifice économique est l'emploi d'une enchère devenue, pour la bonne cause, conventionnelle : 3SA.

Règle

Après l'expression d'un soutien limite en majeure au palier de 3, l'enchère de 3SA est une demande de contrôle.

Il est logique d'exclure de jouer le contrat de 3SA en présence d'un fit majeur neuvième.

Ce même principe s'applique dans la séquence :

la séquence

SUD	OUEST	NORD	EST
1 ♦	Passe	1 ♠	Passe
3 ♠	Passe		

Même avec un fit huitième, la connaissance d'une distribution irrégulière de l'ouvreur exclut encore une fois de jouer 3SA.

Choisissons un autre exemple :

la séquence

SUD	OUEST	NORD	EST
1 ♠	Passe	2 ♣	Passe
2 ♦	Passe	3 ♠	Passe

avec la main :

♠ AD853
♥ R94
♦ AR85
♣ 8

commencer par nommer le contrôle à Trèfle risque de fausser l'évaluation de la couleur secondaire du répondant.

Comparez : singleton Trèfle en face de As-Dame cinquièmes et Roi troisième à Trèfle en face de As-Dame cinquièmes. Approximativement quatre levées d'écart.

Un dernier exemple :

la séquence

SUD	OUEST	NORD	EST
1 SA	Passe	3 ♠	Passe
4 ♦			

♠ D953
♥ R2
♦ ADV8
♣ A76

Avec ce monument en face d'une proposition naturelle de chelem à Pique, vous avez un objectif précis : déclarer le grand chelem si votre partenaire détient As Roi de Pique, déjà connus, l'As de Cœur, très probable, mais surtout le Roi de Carreau.

Commencez par dire 4♦, puis 4SA sur 4♥, suivi de 5SA sur 5♣, avec donc l'As de Trèfle en réserve, pour permettre à un partenaire attentif de cerner vos intentions.

Si vous commenciez automatiquement par nommer votre contrôle le plus économique, 4♣, la découverte du Roi de Carreau serait plus aléatoire. Même si le répondant continue par 4♦, vous seriez en peine de distinguer le contrôle de coupe, singleton Carreau, du Roi indispensable pour le grand chelem.

3♠ est une enchère naturelle de chelem, le bien nommé "auto-fit" (ici en un tour), avec en corollaire, l'apparition d'enchères de contrôle anticipé. Ici, le fit huitième, neuvième ou dixième est implicite, personne ne peut se méprendre sur le sens coopératif d'une enchère de 4♣ ou 4♦.

On retrouve le même processus d'auto-fit dans une séquence similaire :

la séquence

SUD	OUEST	NORD	EST
1 ♦	Passe	1 ♠	Passe
2 SA	Passe	3 ♠	Passe
4 ♣			

L'enchère de 3♠ a établi le fit huitième ou neuvième à Pique, 4♣ est un contrôle avec ses implications : d'accord pour le chelem, contrôle à Trèfle.
Dans cette séquence, l'enchère de 3SA devient un refus de coopérer, le plus souvent avec deux petits Piques :

♠ 10 7
♥ R D 9 8
♦ R V 7 5
♣ A R D

Certains auteurs, comme Michel Bessis, donnent au soutien direct à 4♠, sur 3♠, la description d'une main fittée avec tous les contrôles.

La découverte du soutien peut devenir implicite, sans avoir été clairement exprimée :

la séquence

SUD	OUEST	NORD	EST
1 ♣	Passe	1 ♠	Passe
2 SA	Passe	3 ♥	Passe
4 ♣			

Donner un sens naturel à l'enchère de 4♣ est absurde. 3♠ exprimerait clairement un soutien de trois cartes à Pique, l'enchère de 4♣ promet donc le soutien à Cœur par quatre cartes, pour proposer à un répondant non minimum de prospecter le chelem à l'économie.

Exemple :
Attention, le répondant n'accepte pas la proposition avec une main faible.

♠ R 7
♥ A D 9 8
♦ R 10 6
♣ A R 8 5

Ainsi, avec :

♠ D 8 6 5 3
♥ R 10 6 2
♦ 4
♣ V 7 6

dans la séquence précédente, le répondant doit, sur 4♣, revenir à 4♥, 4♦ montrant un intérêt pour le chelem.

Le danger est de confondre ces situations où il ne peut y avoir de doute sur l'interprétation, avec celles où la question se pose : contrôle ou enchère naturelle ?
Une règle indispensable à connaître :
En cas de doute, l'enchère ambiguë doit toujours être prise dans son sens naturel.
Quelques exemples pour illustrer ce propos :

la séquence

SUD	OUEST	NORD	EST
	1 ♥	Contre	3 ♥
4 ♠	Passe	5 ♣	

5♣ est une enchère naturelle, avec six ou sept cartes à Trèfle, dans une main trop forte, 17 H et plus, pour une simple intervention à 2♣.

la séquence

SUD	OUEST	NORD	EST
2 ♦	Passe	2 ♠	Passe
3 ♥	Passe	4 ♣	

4♣ est à priori naturel, car sinon, que dirait Nord avec :

♠ A 7 6
♥ 9
♦ V 8 5
♣ D V 10 8 6 5

Toutefois, le répondant pourra éventuellement rectifier le tir dans la suite de la séquence. Ainsi, avec :

♠ A 9 8
♥ V 8 7
♦ 10 7 5
♣ R D 9 7

il pourra annoncer sa force à Trèfle avant de soutenir :

la séquence

SUD	OUEST	NORD	EST
2 ♦	Passe	2 ♠	Passe
3 ♥	Passe	4 ♣	Passe
4 ♦	Passe	5 ♥	

Le saut à 5♥ est destiné à montrer un vrai fit à Cœur, et non une enchère de préférence.

En résumé
Le joueur qui déclenche les contrôles commence au palier qui lui convient.

Attitude du vis-à-vis

Le soutien est exprimé, un joueur a déclenché le processus des contrôles, y compris par l'enchère de 3SA après un soutien limite, le partenaire n'a plus à réfléchir et se contente de nommer ses contrôles en accord avec le principe d'économie (à moins de prendre le capitanat en posant le Blackwood, quand cela devient son seul problème).

A ce stade de la séquence, tout contrôle sauté, y compris un singleton, est automatiquement dénié.

La nomination du dernier contrôle

Lorsqu'un camp a exprimé un soutien, évalué son matériel en qualité et en quantité, et découvert le contrôle de chacune des couleurs en dehors de l'atout, on pourrait penser que le plus dur est fait, et qu'il n'a plus qu'à passer à la demande d'As avant de conclure. Cela est souvent vrai, mais pas toujours.

Un joueur peut craindre de dépasser abusivement le palier de sécurité, de se retrouver en danger au palier de 5, ou avec un pourcentage de réussite trop faible au palier de 6, parce qu'il a un peu tiré sur la corde dans l'évaluation de son jeu, ou parce que sa distribution ne se prête pas à poser le Blackwood. Dans ce cas, il transmet la décision à son partenaire en nommant le dernier contrôle.

Exemple :

♠ R 10 8 7 6
♥ R 7
♦ A V 6 3
♣ R 9

la séquence

SUD	OUEST	NORD	EST
1 ♠	Passe	2 ♣	Passe
2 ♦	Passe	3 ♠	Passe
4 ♣	Passe	4 ♦	Passe
4 ♥			

Une couleur d'atout tout juste acceptable, un seul As, pas de singleton, une couleur secondaire sans la Dame, autant d'éléments de crainte.

Certes, a contrario, il n'y a aucun point perdu, même le Valet de Carreau peut jouer un rôle, et le choix entre 4♣, “oui”, et 3SA, “oui mais”, est sensible. Maintenant, il faut passer la main. Si Nord a de quoi dire 4SA, tout va bien. S'il se contente de 4♠, on s'arrêtera là.
Les raisons qui peuvent vous amener à nommer le dernier contrôle sont :
- Une force globale insuffisante.
- Une mauvaise qualité d'atout.
- Une chicane qui rend le Blackwood inutile.

Alain Lévy

Chelems en mineures

Par peur de dépasser le sacro-saint palier de 3SA, et de se retrouver au palier de 5♣ ou 5♦, les chelems en mineures sont mal déclarés par la plupart des paires de niveau moyen... et même par les bonnes !

Deux exemples vont nous permettre d'illustrer notre propos :

♠ 6
♥ A 5
♦ R D 10 2
♣ R V 10 8 7 6

N
O E
S

♠ A 9 8 2
♥ R 6 4 3
♦ A V
♣ D 9 5

On ne saurait concéder plus que l'As d'atout au contrat de 6♣, et pourtant...

la séquence

SUD	OUEST	NORD	EST
1 ♣	Passe	1 ♦	Passe
1 ♥	Passe	3 ♣(1)	Passe
3 SA(2)	Passe	Passe(3)	Fin

(1) : après un changement de couleur 1 sur 1, le saut dans la mineure d'ouverture est forcing de manche et laisse présager la possibilité d'un chelem. De plus, cette enchère garantit un jeu irrégulier, avec au moins neuf cartes dans les deux couleurs annoncées. En présence d'une main plus régulière, le répondant transiterait par la quatrième couleur forcing à 1♠ avant de soutenir. Ainsi, avec :

♠ A 6 3
♥ D 4
♦ R D 6 3
♣ A V 5 2

la séquence débuterait ainsi :

Sud	Nord
1 ♣	1 ♦
1 ♥	1 ♠
( )	3 ♣

(2) : 3SA indique une main médiocre de 12-13 points d'honneurs inapte pour jouer un contrat à Trèfle, et avec une solide tenue à Pique. Exemple :

♠ R D 10 5
♥ D 10 8 5
♦ 6 3
♣ A D 6

(3) : rien de plus à dire. En continuant, on risque d'aboutir à 5♣ avec trois perdantes immédiates.

Naturellement, Ouest, qui possède Roi-Valet de Pique cinquièmes entame Pique, et comme il détient également l'As de Trèfle, le contrat chute d'une levée, ce qui est peu glorieux avec un chelem sur table !
Reprenons le cours de la séquence ; jusqu'à 3♣, les enchères sont automatiques. Sur 3♣ en revanche, l'ouvreur doit juger sa main.
Il n'a qu'un seul arrêt à Pique, et quatre pièces utiles pour jouer à l'atout Trèfle. Déclarer 3SA est donc une annonce plus que paresseuse.
Le fait de ne posséder que trois cartes à Trèfle n'est pas un argument suffisant : la

Dame troisième à côté du doubleton à Carreau est une bonne tenue.

Une possibilité est de continuer la séquence par 3♠ - coopératif - qui demande en priorité au partenaire de déclarer 3SA avec un complément à Pique (Dame seconde par exemple).

Mais l'enchère la plus souple est 3♦, qui permet d'indiquer un bon complément dans la première couleur de Nord. Dès lors, tous les problèmes devraient se trouver résolus :

la séquence

SUD	OUEST	NORD	EST
1 ♣	Passe	1 ♦	Passe
1 ♥	Passe	3 ♣	Passe
3 ♦	Passe	3 ♥	Passe
3 ♠	Passe	4 ♠	Passe
4 SA	Passe	5 ♥	Passe
6 ♣	Fin		

Après l'annonce des contrôles, Sud pose le Blackwood et conclut à 6♣.

Nord
♠ -
♥ R92
♦ A8765
♣ AD1084

Sud
♠ 10876
♥ AV103
♦ R94
♣ RV

Le chelem à Carreau est à 68 % sur les Carreaux 3-2. Après deux tours d'atout, on défausse deux Cœurs du mort sur les Trèfles de la main, et on coupe le troisième Cœur. Comme précédemment, une entame à Pique défait 3SA de une, deux, voire trois levées.

Malheureusement, cette donne s'est présentée en tournoi par paires, et la séquence a dérapé :

la séquence

SUD	OUEST	NORD	EST
1 ♦	Passe	2 ♣	Passe
2 SA(1)	Passe	3 SA(2)	Passe
Passe(3)	Fin		

(1) : En l'absence de convention, 2SA indique un jeu régulier de 12-14 points d'honneurs, avec en principe au moins un arrêt dans chaque majeure.

(2) : Une conclusion époustouflante avec la main de Nord.

(3) : Sud ne peut faire autre chose que respecter la décision de son partenaire.

Notez au passage que c'est Sud qui est responsable. Sur 3SA, Nord se devait de croire son partenaire et de respecter sa décision.

Le dialogue s'engage ainsi entre les deux partenaires :
Sud : « Combien vous faut-il d'atouts pour me soutenir ? Et pourquoi déclarer 3SA avec une chicane à Pique ? »
Nord : « En tournoi par paires, les Carreaux marquent moins que les Sans-atout, et je pensais que la redemande à 2SA garantissait l'arrêt à Pique. »
Sud : « C'est vrai, mais cet arrêt peut être fragile, et il est prudent de faire des vérifications avant d'imposer 3SA avec une chicane. »
Nord : « C'est vrai, mais je ne savais pas quelle enchère choisir, je n'étais pas sûr que 3♦ soit forcing ».

Bien entendu, Nord se trompe. Après un changement de couleur 2 sur 1, tous les soutiens au palier de 3 sont forcing de manche. Ils sont en général le point de départ de l'annonce des forces afin de trouver le bon contrat.
La bonne séquence aurait dû se dérouler ainsi :

la séquence

SUD	OUEST	NORD	EST
1 ♦	Passe	2 ♣	Passe
2 SA	Passe	3 ♦ (1)	Passe
3 ♥ (2)	Passe	4 ♥ (3)	Passe
5 ♣ (4)	Passe	6 ♦ (5)	Fin

(1) : Fit forcing de manche. Cette enchère doit d'abord être considérée comme une recherche de meilleure manche. Il peut s'avérer ensuite que le répondant dévoile une main de chelem.

(2) : 3♥ indique une force à Cœur, et par inférence une faiblesse à Pique. Avec de bons arrêts dans les deux majeures, l'ouvreur reviendrait à 3SA.

(3) : 4♥ indique un complément à Cœur (l'As ou le Roi).

(4) : Dénie le contrôle à Pique et promet un gros honneur à Trèfle.

(5) : Le grand chelem est exclu.

Claude Delmouly

La qualité d'atout

Parmi les éléments nécessaires au gain d'un chelem, une bonne qualité d'atout est indispensable. Comment vérifier ?

Une des clés de réussite du chelem que vous allez déclarer repose sur la qualité de votre atout. L'évaluation du nombre de levées que vous pourrez développer dans cette couleur, mais également le nombre de perdantes que vous pouvez vous permettre d'abandonner à l'adversaire, sont étroitement liés au nombre d'atouts du camp, à sa répartition dans les deux mains, et bien sûr au nombre d'honneurs manquants.

Ayez toujours à l'esprit qu'une perdante dans la couleur d'atout est une perdante inéluctable, sauf manœuvres aussi rares que spectaculaires, s'apparentant au "coup du diable".

Seules, des paires de très haut niveau peuvent compter douze levées à Sans-atout et éviter le piège du fit fragile :

♠ A 8 7 6
♥ R D V
♦ A 4
♣ A D 7 5

N
O E
S

♠ R 5 4 2
♥ 6 5
♦ R D V 10 7
♣ R 8

Avec un peu de technique vous devez éviter le contrat de 6♠ en apprenant qu'il manque un As et la Dame d'atout, mais compter douze levées à Sans-atout est une autre paire de manche ! Toutefois, avec 32 points d'honneurs et une bonne couleur cinquième, déclarer 6SA est un bon pari statistique.

Depuis l'introduction dans le système français du Blackwood aux cinq cartes clés, convention que je vous recommande d'adopter, les problèmes liés à la qualité d'atout ont été en partie résolus.

On ne jouera plus un chelem avec :
- Un As et le Roi d'atout manquants
- Une carte clé, et la Dame d'atout manquantes.

Mais ces progrès indéniables ne résolvent pas tout.

1- Apprendre au palier de 5 qu'il manque deux cartes essentielles peut vous avoir fait dépasser le palier de sécurité, en cas de mauvais partage par exemple. L'absence d'un Valet peut également nuire à la réussite de votre contrat. Déclarer un chelem avec à l'atout :

D 10 7 6 4 **R 9 2**

est un accident, que j'ai vécu récemment, pas si facile à éviter.

2- La qualité de votre atout dépend du nombre de cartes détenu par votre camp. Voyez plutôt, votre objectif étant de ne perdre aucune levée d'atout :

A 7 5 3 **R V 6 4**
34 %, chelem à éviter.
A 7 5 3 **R V 6 4 2**
52 %, chelem acceptable.
A 8 7 5 3 **R V 6 4 2**
91 %, excellent chelem.

Votre séquence d'enchères doit faire la différence entre ces trois qualités d'atout.

La qualité d'atout

Un petit conseil : en réponse au Blackwood, si vous êtes certain que votre camp possède dix atouts (cinq atouts en face d'une ouverture d'1♠ par exemple), enchérissez comme si vous aviez la Dame d'atout.
En cours de séquence, la qualité d'atout peut être vérifiée par divers procédés techniques, évoqués en partie un peu plus haut.

L'enchère de 3SA, suite à l'expression d'un soutien forcing.
Assis en Sud, vous possédez :

♠ V 8 7 4
♥ R 6
♦ R D 7
♣ A V 10 6

L'ouvreur doit commencer par décrypter le message envoyé par la séquence d'enchères du répondant :

la séquence

SUD	OUEST	NORD	EST
1 ♣	Passe	1 ♥	Passe
1 ♠	Passe	2 ♦	Passe
2 SA	Passe	3 ♠	Passe
3 SA			

Le passage par la quatrième couleur forcing est le seul moyen d'exprimer un soutien forcing.
Les soutiens directs sont limités :
2♠ 6-10 HLD.
3♠ 11-12 HLD.
4♠ 13-15 HLD.
L'enchère de 2SA fixe la main de l'ouvreur dans une zone 12-14 points d'honneurs (oublions provisoirement, l'alternative, 18-19), sans pour autant décourager son partenaire en quête d'un chelem (autrement il devrait alors sauter à 4♠ 16-17 HLD). Avec ses 14 points d'honneurs, l'ouvreur, maximum dans la séquence, accepte l'exploration. Un seul point noir : le Valet de Pique quatrième.
Le 3SA, OUI MAIS, exprime clairement, ici, de mauvais atouts.
On considère qu'à partir de Dame-10 quatrièmes, les atouts sont convenables. Un exemple :

♠ D 10 7 6
♥ R 5
♦ A 10 7
♣ A V 10 6

la séquence

SUD	OUEST	NORD	EST
1 ♣	Passe	1 ♥	Passe
1 ♠	Passe	2 ♦	Passe
2 SA	Passe	3 ♠	Passe
4 ♣			

Cette fois, Sud, qui n'a pas honte de ses atouts, annonce son premier contrôle sur 3♠.

Le détour par la quatrième couleur forcing, en lieu et place d'un soutien forcing :
Cette fois, le répondant dispose bien d'une enchère de soutien forcing, et il choisit de ne pas l'utiliser, mais de transiter par la quatrième couleur :

♠ A 9 6
♥ V 5 4
♦ R 6
♣ A R D 8 5

la séquence

SUD	OUEST	NORD	EST
1 ♥	Passe	2 ♣	Passe
2 ♦	Passe	2 ♠	Passe
2 SA	Passe	3 ♥	

Le répondant a de légitimes ambitions de chelem à Cœur, mais la qualité de son soutien laisse à désirer. Sur 2♦, il ne doit donc

pas choisir le soutien forcing à 3♥.
A l'ouvreur de considérer, en première instance, la qualité de sa couleur cinquième.
Dans cette séquence, le minimum requis pour exprimer un soutien forcing, sans détour, est la Dame troisième, ou quatre atouts.

L'enchère de 5 en majeure

Exemple :

♠ D 10 5 4 2
♥ -
♦ A R D 9 6
♣ R D 6

la séquence

SUD	OUEST	NORD	EST
1 ♠	Passe	2 ♣	Passe
2 ♦	Passe	3 ♠	Passe
5 ♠			

Le problème crucial du déclarant est d'éviter le chelem en face du Roi ou de l'As troisième. Le Blackwood, d'exclusion par exemple, ne résoudra pas ce problème.
Le répondant accepte la proposition avec deux honneurs, ou l'As ou le Roi quatrième. Avec As-Roi, il faut faire une enchère de grand chelem.
Dans ce dernier exemple, le déclarant peut passer sur 5♠, déclarer 6♠, ou nommer 6♣ s'il possède As-Roi de Pique et l'As de Trèfle. Sud n'aura alors aucun mal à nommer 7♠.

Alain Lévy

Le Blackwood dans tous ses états

S'il est une convention qui ne mérite pas de passer au tribunal, c'est bien le Blackwood dont nul ne songe à contester l'utilité. Reste à choisir le ou les Blackwoods que l'on souhaite pratiquer...

Si tout le monde connaît bien le Blackwood dit "moderne", peu de gens connaissent toutes les autres formes de Blackwoods qui ont fleuri depuis l'invention de cette convention. Dans le but de peaufiner votre système d'enchères, ou simplement par curiosité intellectuelle, bienvenue dans l'univers du Blackwood.

Le Blackwood est-il indispensable ?

Dans plus des trois quarts des séquences d'enchères qui s'achèvent par la déclaration d'un chelem, le Blackwood a été utilisé.

Il est toutefois vrai que le Blackwood est souvent utilisé à tort et à travers, dès qu'un chelem est en vue, le nombre d'As servant d'élément déterminant.

C'est insuffisant et, en général, de nombreuses enchères préalables sont nécessaires, le Blackwood n'étant qu'une vérification pour éviter de jouer le chelem avec deux As à perdre.

Comme avec les deux jeux suivants, où seule l'utilisation du Blackwood permet de s'arrêter à 5♠ après avoir constaté l'absence de deux As :

♠ V 10 5 4 3
♥ 9 2
♦ D 4
♣ R D 10 9

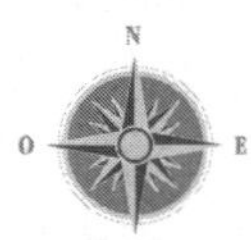

♠ A R D 9 7 2
♥ A R D 4
♦ R 3
♣ 6

la séquence

SUD	OUEST	NORD	EST
1 ♠	Passe	4 ♠	Passe
4 SA	Passe	5 ♣	Passe
5 ♠	Fin		

De nombreux chelems peuvent également être déclarés sans avoir recours au Blackwood (enchères quantitatives, enchère de 5 en majeure, ouverture de 2♦ forcing de manche...).

Une évolution permanente

Dans sa première version, les réponses étaient rudimentaires.

Rappelons-les pour mémoire :

5♣ : 0 ou 4 As
5♦ : 1 As
5♥ : 2 As
5♠ : 3 As

Depuis, il y a eu des évolutions.

La principale est l'apparition du Blackwood "Moderne", qui permet, dans certains cas, de préciser la présence du Roi d'atout. Les réponses :

5♣ : 0 ou 3 As
5♦ : 1 ou 4 As
5♥ : 2 As
5♠ : 2 As et le Roi d'atout
5SA : 2 As et une chicane

6 X : 1 As et une chicane dans la couleur X (si la couleur d'atout est supérieure à la couleur X de la chicane ; dans le cas contraire, on saute à 6 dans la couleur d'atout, indiquant par la même une chicane dans une couleur supérieure).

Remarque

Ce Blackwood pose un problème en cas de fit à Trèfle. La réponse de 5♦ montrant 1 As dépasse le palier de sécurité de 5♣ et s'il manque deux As, on est contraint de jouer 5SA, un contrat toujours périlleux quand il manque déjà deux As.

D'où l'idée d'inverser les réponses de 5♣ et 5♦, et de pratiquer le Blackwood "41-30" lorsque le fit est à Trèfle. Pour éviter les risques d'oubli, certains le jouent pour toutes les couleurs d'atout.

Néanmoins, si vous ne voulez pas jouer le 41-30, un bon conseil, en cas de fit à Trèfle, ne posez pas le Blackwood avec un seul As, vous éviterez tout risque de jouer 5SA.

Mais ces raffinements montrèrent leurs limites quand la majorité des experts prit conscience de l'importance du Roi d'atout dans un contrat de chelem.

UN AS DE PLUS

D'où l'idée de créer un Blackwood qui permette d'annoncer le Roi d'atout au même titre que les quatre As. C'est le Blackwood à 5 clés. Les réponses :

5♣ : 0 ou 3 clés
5♦ : 1 ou 4 clés
5♥ : 2 ou 5 clés
5♠ : 2 clés et la Dame d'atout (ou un atout surnuméraire)
5SA : 2 clés et une chicane
6 X : 1 clé et une chicane X.

Explicitons un peu tout cela : les premières réponses ne changent pas sauf que le Roi d'atout est considéré comme un As et doit donc être indiqué. Ainsi avec :

♠ R 5 3 2
♥ A D 6 2
♦ A 9 8
♣ R 10

A l'atout Pique ou à l'atout Trèfle, on répondra 5♣ (3 clés), alors qu'il faudra dire 5♥ (2 clés) à l'atout Carreau et 5♠ (2 clés et la Dame d'atout) à l'atout Cœur.

Evidemment ceci n'est valable que si un atout a été explicitement ou implicitement agréé dans la séquence. En l'absence de fit, on en revient aux réponses 30-41.

Principales difficultés

La plus importante vient d'être évoquée : le risque d'erreur dans les réponses quand un joueur pense qu'un atout a été établi et que son partenaire n'est pas sur la même longueur d'onde.

Un exemple :

♠ A R V 10 9 7 5
♥ A D 4
♦ 5
♣ V 4

N
O E
S

♠ 4
♥ 8 2
♦ A R D V 10 3 2
♣ R D 7

la séquence

SUD	OUEST	NORD	EST
1 ♦	Passe	2 ♠	Passe
4 SA	Passe	5 ♣	Passe
7 ♦	Fin		

Sur 4SA, Nord pensait que son enchère de 2♠ fort imposait l'atout Pique et a donc répondu ses trois clés à l'atout Pique. Sud n'a pas imaginé que son Blackwood agréait l'atout Pique qu'il n'avait pas soutenu, et a donc cru que son partenaire répondait trois As. Il a ainsi conclu au grand chelem dans dans sa couleur maîtresse avec un As à perdre ! Donc extrême méfiance, ne répondez les clés que si vous êtes sûr de l'atout.

Le même problème se pose en cas de double fit. Un exemple :

la séquence

SUD	OUEST	NORD	EST
1 ♥	Passe	2 ♣	Passe
3 ♣	Passe	3 ♥	Passe
4 SA	Passe	?	

Dans quelle couleur Nord doit-il répondre le Roi et la Dame d'atout ? A Cœur ou à Trèfle ? Il est indispensable d'avoir prévu cette situation avec le partenaire afin d'éviter les tragédies.
Quelques paires ont convenu, en cas de double fit, de jouer un Blackwood avec 6 clés : les quatre As et les deux Rois du double fit. La réponse de 5♣ devient alors 6-3-0 clés.
La majorité préfère continuer à jouer avec 5 clés et considère que le Roi d'atout est celui de la couleur du joueur qui pose le Blackwood.
Dans la séquence précédente, si l'ouvreur d'1♥ pose le Blackwood, le Roi de Cœur est le Roi d'atout, si c'est le répondant c'est le Roi de Trèfle.
Il faut faire très attention ! Le Blackwood 5 clés est très utile, mais assez délicat à manier.

Un autre problème tient aux réponses de 5♠ et de 5SA : que faire si on possède 2 clés, la Dame d'atout et une chicane ?
Bonne question, merci de l'avoir posée. Il n'y a pas de recette miracle. Il faut donner le renseignement qui paraît le plus important. En général, il s'agit de la chicane sauf si on a déjà eu l'occasion de l'exprimer plus tôt dans la séquence. Ceci est une affaire de jugement ou encore une fois de mise au point au sein d'une paire où l'on peut décider à l'avance de la réponse prioritaire.

Principaux avantages
- Jouer des chelems plus sûrs.
On sait que pour déclarer un "bon" petit chelem, il faut que ses chances de réussite soient supérieures à 50 %. Donc, s'il manque un As et le Roi d'atout, le chelem est au mieux à 50 %.
Si la couleur d'atout est :

A D 7 3	**ou**	**A 7 6 5**
6 5 4 2		**D 8 4 3**

le chelem est sans position gagnante. Grâce au Blackwood 5 clés, on peut facilement s'arrêter au palier de 5 (on est peut-être déjà trop haut) ce qui était plus délicat auparavant. Bien sûr, vous m'objecterez que si on possède le Valet, le 10, voire le 9 cela améliore grandement la probabilité de réussite. Cela est vrai mais ce sont des cartes que l'on ne peut pas diagnostiquer à l'enchère sauf si un seul joueur les a toutes dans son jeu.
Mais quoi qu'il en soit, même si on peut faire l'impasse au Roi d'atout (en possession donc des cartes intermédiaires indispensables), le chelem sera toujours en dessous de 50 %, des répartitions catastrophiques pouvant toujours se produire (atouts 5-0, coupe d'entrée...). Il ne faut donc pas le jouer.

- Diagnostiquer la Dame d'atout.
Le Blackwood 5 clés a comme autre qualité de pouvoir interroger sur la présence de la Dame d'atout, carte qui est également très utile pour jouer un chelem.
Si vous possédez :

A R 7 3
6 5 4 2

et qu'il vous manque un As, jouer le chelem dans cette couleur d'atout est suicidaire puisque vous n'éviterez pas la perte d'un atout en plus de l'As.
Imaginons que cet atout soit Pique : vous posez le Blackwood, votre partenaire répond 5♦, une clé. Il vous reste la place de dire 5♥, interrogation à la Dame de Pique.
Le partenaire dépourvu de cette carte revient à 5♠ et le chelem sans position gagnante est alors évité. S'il la possède, il peut moduler ses réponses selon les forces de son jeu.

Exemple, à l'atout Pique :

Sud	Nord
4 SA	5 ♦
5 ♥ (1)	5 ♠(2)
	5 SA(3)
	6 ♣(4)
	6 ♦(5)
	6 ♥(6)
	6 ♠(7)

(1) : question à la Dame d'atout
(2) : pas la Dame d'atout.
(3) : la Dame d'atout et des valeurs non nommées dans les couleurs secondaires.
(4) : Dame d'atout et Roi de Trèfle.
(5) : Dame d'atout et Roi de Carreau.
(6) : Dame d'atout et Roi de Cœur.
(7) : Dame d'atout sans Roi.

Lorsque l'atout est Pique, les choses sont assez simple, puisqu'il existe de nombreux paliers pour s'exprimer avant le palier fatidique de 6♠.
En fait, cette collante après la réponse au Blackwood, question à la Dame d'atout, sert rarement à s'arrêter au palier de 6 ; elle est plus souvent utilisée comme une enchère de grand chelem. Si l'ouvreur possède A R V cinquièmes et sait que son partenaire détient un fit de trois ou quatre cartes, il lui faut s'assurer de la présence de la Dame dans le jeu de celui-ci, faute de quoi le grand chelem serait de mauvaise qualité.

Un deuxième exemple à l'atout Carreau :

4SA 5 ♣ (0 ou 3 clés)
5♥(1) : 5 ♠ : pas la Dame de Carreau, valeurs non nommées.
5 SA : Dame de Carreau et le Roi de Cœur ou Roi de Pique
6 ♣ : Dame de Carreau et le Roi de Trèfle
6 ♦ : Pas de Dame de Carreau

(1) question à la Dame de Carreau.
5♦ serait un arrêt donc l'interrogation se fait à 5♥.

Ces développements ne sont pas universels et doivent impérativement être travaillés, notamment les réponses de 5♠ et 6♦ qui peuvent être inversées.

De façon mnémotechnique, convenir que revenir dans la couleur d'atout au palier le plus bas, dénie la Dame d'atout est sans doute plus commode.

Regardons maintenant le Blackwood 5 clés à l'œuvre sur quelques exemples :

Lorsque Nord répond une seule clé, il peut manquer deux As ou un As et le Roi d'atout (chelem mauvais, il faut trouver les Piques 2-2 avec le Roi placé). Dans l'ignorance, Sud conclut sagement à 5♠.

Nord	♠ 10543 ♥ V82 ♦ 8 ♣ ADV97
Sud	♠ AD876 ♥ ARD4 ♦ RDV ♣ 6

la séquence

SUD	OUEST	NORD	EST
1 ♠	Passe	3 ♠	Passe
4 SA	Passe	5 ♦	Passe
5 ♠	Fin		

Après avoir reçu un fit forcing espoir de chelem à 3♥ (et échangé quelques contrôles), Sud pose le Blackwood et Nord doit répondre 5♠ (deux clés et la Dame d'atout ou un atout surnuméraire) sur lequel Sud conclut à 6♥ en l'absence d'une clé.

Nord	♠ A4 ♥ R10964 ♦ RV6 ♣ DV5
Sud	♠ RD7 ♥ A8752 ♦ A43 ♣ R7

la séquence

SUD	OUEST	NORD	EST
1 ♥	Passe	2 ♣	Passe
2 SA	Passe	3 ♥...	Passe
4 SA	Passe	5 ♠	Passe
6 ♥	Fin		

Le dixième atout est primordial. En effet, le chelem est ici sur les Cœurs 2-1 (78 %). Avec un atout en moins en Nord, il serait sur les Cœurs 2-2 (40 %) et ne devrait donc pas être joué. Avec un fit seulement quatrième, Nord aurait répondu 5♥ (deux clés) et Sud aurait passé car il sait qu'il manque une clé et la Dame d'atout.

On voit sur ce deuxième exemple les limites de ce Blackwood 5 clés. Si vous avez dans votre couleur d'atout, AVxxx en face de 109xx, vous ne jouez pas le chelem puisqu'il vous manque une clé et la Dame d'atout et que vous ignorez la possession du Valet, du 10 et du 9 qui rendent ce chelem à 75 %.
Si en plus les deux jeux sont :

Nord	♠ ADV104 ♥ 10972 ♦ D10 ♣ A3
Sud	♠ R7 ♥ AV643 ♦ ARV62 ♣ R

Une bonne séquence vous amène à diagnostiquer votre fit à Cœur et à vous arrêter au palier de 5♥ en l'absence du Roi et de la Dame de Cœur. Observez cependant que 7SA sont sur table. Alors où le bât blesse-t-il ? Dans la focalisation du Blackwood 5 clés sur la couleur d'atout et uniquement sur celle-ci. Il est extrêmement difficile de parvenir au bon contrat quand la couleur d'atout est faible alors que l'on dispose à côté d'un grand réservoir de levées.

Plus exotique...

Il existe bien d'autres sortes de Blackwood beaucoup moins répandus. Commençons cette liste non exhaustive par un Blackwood dont beaucoup connaissent le nom sans jamais l'avoir pratiqué :

Le Blackwood d'exclusion

Contrairement aux précédents, celui-ci ne se pose pas à 4SA mais au palier de 4 ou de 5 à la couleur.
On reconnaît un Blackwood d'exclusion lorsque le joueur qui le pose fait un saut dans une couleur non nommée ou nommée par l'adversaire. Il affirme une chicane dans cette couleur et demande à son partenaire son nombre d'As sans compter celui de la couleur de sa chicane.

Sur l'ouverture d'1♥ de Sud, Ouest sait que le grand chelem à Cœur est sur table si son partenaire possède les deux As majeurs. Il commence par dire 2♣ puis sur la réponse heureuse de 2♥ (2♦ aurait été très contrariant) il saute à 5♦ qui ne peut être pris pour autre chose qu'un Blackwood d'exclusion à l'atout Cœur.

♠ R D 7
♥ R D 7 6 2
♦ -
♣ A R D V 4

N / O / E / S

♠ V 2
♥ A V 10 8 5
♦ A R 6
♣ 9 8 7

la séquence

SUD	OUEST	NORD	EST
1 ♥	Passe	2 ♣	Passe
2 ♥	Passe	5 ♦	Passe
5 ♠	Passe	6 ♥	Fin

Encore une fois il vaut mieux en avoir discuté au préalable pour ne pas se retrouver à jouer un contrat dans un fit 3-0 ou 2-0. Sud répond par paliers comme sur 4SA mais en décalage de deux rangs puisque le BW a été posé à 5♦ et en omettant son As de Carreau qui n'intéresse pas Nord. Ici, il répond donc 5♠ montrant 1 ou 4 As.
Nord, déçu, constate qu'il manque un As et conclut à 6♥.
Un autre exemple :

♠ D 7 5 3
♥ -
♦ A R V 9 7
♣ R D V 5

N / O / E / S

♠ A R 10 9 8 6
♥ A 4 2
♦ D 4
♣ 10 3

Une donne réelle issue des championnats d'Europe de Malmö. Sur l'ouverture de 2♥ faible d'Est, Sud intervient à 2♠ et Nord bondit à 5♥, Blackwood d'exclusion à Cœur. Sud répond son As à 5SA, ou ses deux clés à 6♣ s'il joue le Blackwood 5 clés. Nord conclut à 6♠. Si on ne joue pas le Blackwood d'exclusion, il est mal aisé de s'en sortir sans deviner s'il faut jouer 6♠ ou 7♠. Une paire française s'est trouvée dans cette situation et n'a pu éviter le grand chelem.
Bien entendu, il est possible et même souhaitable de combiner ce Blackwood d'exclusion avec le Blackwood 5 clés pour agrandir son arsenal. Voici à titre d'exemple une donne jouée en division nationale :

♠ D 10 8 6
♥ V 3
♦ A D V 10 6
♣ R 4

N / O / E / S

♠ -
♥ A R 2
♦ R 9 5 3
♣ A D V 8 6 2

la séquence

SUD	OUEST	NORD	EST
1 ♣*	1 ♠	2 ♦	Passe
4 ♠*	Passe	5 ♣*	Passe
5 ♥*	Passe	6 ♣*	Passe
7 ♦*	Fin		

*4♠ : Blackwood d'exclusion à Pique, Atout Carreau agréé.
*5♣ : 1 ou 4 clés, l'ouvreur sait qu'il s'agit donc de l'As de Carreau.
*5♥ : question à la Dame d'atout.
*6♣ : j'ai la Dame de Carreau et le Roi de Trèfle.
*7♦ : merci, c'est exactement ce dont j'avais besoin !

J'espère qu'après cette belle séquence vous serez convaincus de l'utilité de ce Blackwood 5 clés et du Blackwood d'exclusion mais, encore une fois, il ne faut pas négliger la part de travail et de discussion que cela implique.

Le Blackwood direct sur ouverture mineure

Sur l'ouverture d'1♣ ou d'1♦, l'enchère de 4SA directe étant quantitative, le Blackwood dans la couleur de l'ouvreur se fait dans l'autre mineure au palier de 4.

1♣ Passe 4♦ : Blackwood à l'atout Trèfle
1♦ Passe 4♣ : Blackwood à l'atout Carreau.

Dans la pratique, il est très peu utilisé car on ne voit guère quel type de mains justifie cette précipitation qui brûle un grand nombre de paliers de description.

Le Blackwood facultatif

Très rare et délicat à manier, il sert dans la séquence suivante :

la séquence

SUD	OUEST	NORD	EST
2 SA	Passe	3 ♣	Passe
3 SA	Passe	4 ♥/ ♠	

Sur la réponse de 3SA, si on veut jouer la manche, on nomme 4♣ pour jouer 4♥ et 4♦ pour jouer 4♠.
Si on est sûr de jouer le chelem, on fait le transfert puis on reparle sur la correction de l'ouvreur.
Le cas problématique est lorsqu'on a une main propositionnelle (10-11 points). Par manque de place on est obligé de nommer directement la majeure que l'on possède.
Cela signifie que l'on a des ambitions de chelem mais qu'on ne peut décider tout seul sans consulter l'ouvreur.
Sur cette enchère, l'ouvreur peut décider de passer s'il n'est pas intéressé (main minimale ou plate).
S'il décide d'explorer le chelem, pour gagner de l'espace, il répond au Blackwood à partir de l'enchère produite par le répondant (4♥ ou 4♠).
D'où le nom de facultatif. L'ouvreur n'est pas tenu de reparler sur 4♥/4♠, il peut passer ou répondre au Blackwood, là encore décalé d'un ou de deux paliers. On entre vraiment là dans le domaine des enchères très pointues.

La convention Gerber

Tombée en complète désuétude, elle consistait à répondre 4♣ sur l'ouverture d'1SA pour interroger l'ouvreur sur son nombre d'As, 4SA direct étant une enchère quantitative.
Toutefois, cela correspondait à très peu de mains et il est apparu plus utile de réserver cette enchère de 4♣ à d'autres fins qu'un

Blackwood direct. Si on a une main de chelem à la couleur sur l'ouverture d'1SA, on développe un peu la main en faisant quelques enchères de contrôle puis on finit par poser le Blackwood à 4SA qui n'est alors plus quantitatif.

En conclusion, il existe encore de nombreuses variétés de Blackwoods qui n'ont pas trouvé leur place dans cet article mais ceux-ci rentrent plus dans le domaine de l'ésotérisme que de la technique de bridge.
Le domaine des enchères de chelem est celui qui demande le plus de travail même si, paradoxalement, les donnes de chelem sont par définition les plus rares. Malheureusement, elles nécessitent en général de disposer d'enchères très précises sauf à enchérir les chelems au poids à Sans-atout. Le bon sens ne suffit pas toujours et les séquences 1♠ - 4♠ - 6♠ s'avèrent insuffisantes à la longue.
Le Blackwood et ses développements - par exemple que faire en cas d'intervention adverse sur le Blackwood - source d'innombrables pataquès et disputes, méritent donc d'être particulièrement travaillés.

QUAND L'ADVERSAIRE INTERVIENT

Au palier de 5, ne modifiez pas votre Blackwood, et adaptez ainsi vos réponses :
- Contre punitif : vous possédez zéro ou un As (ou clé), et ne souhaitez pas jouer le chelem.
- Passe : nombre pair d'As (de clés).
- Palier au-dessus : nombre impair d'As (de clés).

Lionel Sebbane

Les interrogatives Culbertson

Ely Culbertson a sans doute été le théoricien du bridge le plus inventif. On lui doit de nombreuses avancées significatives dans le domaine des enchères, dont le Contre d'appel, par exemple. Il aurait été bien surprenant que les enchères de chelem ne l'inspirent pas...

De fait, l'une des constructions les plus ingénieuses de Culbertson a bien été un système d'enchères interrogatives permettant à la fois de fixer l'atout et d'obtenir des renseignements sur la couleur annoncée. Le départ était assez simple : dans une séquence d'enchères à deux, le mécanisme s'enclenchait dès qu'un fit était donné ou bien après un saut. La suite était souvent plus compliquée, mais efficace, comme en témoigne cet exemple :

♠ R D 6
♥ V 9 6 4
♦ A 8
♣ R 6 3 2

N / O E / S

♠ A V 5
♥ A R 10 5 3 2
♦ D 9
♣ A D

la séquence

SUD	OUEST	NORD	EST
1 ♥	Passe	3 ♥	Passe
4 ♣	Passe	4 ♦	Passe
4 ♠	Passe	4 SA	Passe
5 ♦	Passe	5 ♥	Passe
5 ♠	Passe	5 SA	Passe
6 ♣	Passe	6 ♥	Passe
7 ♥	Fin		

Dans cette séquence, Nord a donné le fit (forcing). Sud va poser successivement cinq questions et réussir ainsi à déclarer le grand chelem en toute certitude :

- 4♣ est tout d'abord une interrogative à Trèfle. 4♦ montre à la fois le contrôle de deuxième tour à Trèfle et l'As de Carreau.
- 4♠ est une interrogative à Pique, 4SA indiquant le contrôle de deuxième tour dans la couleur, sans autre As.
- 5♦ est une interrogative à Carreau, 5♥ dénie toute forme de contrôle à Carreau autre que l'As déjà annoncé
- 5♠ est maintenant une interrogative au contrôle de troisième tour à Pique. 5SA montre la possession de la Dame de Pique ou à la rigueur d'un doubleton.
- Enfin, 6♣ est une interrogative de troisième tour à Trèfle. 6♥ dénie ce contrôle, ce qui apprend à Sud que son partenaire possède le Roi de Trèfle au moins troisième. Le deuxième Carreau de sa main pourra donc être défaussé sur un Trèfle et conclure à 7♥ est parfaitement légitime.

Bien sûr, ce système n'est pas à mettre entre toutes les mains et l'on comprend que la majorité des bridgeurs ait préféré adopter le Blackwood. Cependant, il donna toute satisfaction à son inventeur, jusqu'à ce jour de 1937 où se disputait la finale du championnat du monde à Budapest entre l'équipe de Culbertson et l'équipe autrichienne.

Les interogatives Culbertson

♠ R 9 4 3
♥ A 9
♦ A 10 9 5 4 3 2
♣ -

♠ A V 10 7 6 2
♥ 8 5 3
♦ 6
♣ A 8 6

la séquence

SUD	OUEST	NORD	EST
1 ♠	Passe	2 ♦	Passe
2 ♠	Passe	4 ♥	Passe
4 ♠	Passe	5 ♦	Passe
Passe !	Fin		

Ely Culbertson jouait avec sa femme Joséphine. 4♥ est un saut inutile, puisque 3♥ est déjà forcing. C'est donc une interrogative qui fixe l'atout Pique. En annonçant 4♠, Joséphine dénie un contrôle à Cœur. Sur 5♦, elle a un doute et finit par passer. Catastrophe ! 5♦ était bien une nouvelle interrogative, à Carreau cette fois, et le grand chelem était sur table.
Le comble, c'est que les Autrichiens, dans l'autre salle, déclarèrent le grand chelem en utilisant les propres interrogatives de Culbertson !

Philippe Cronier

La vérité sort de... la malle !

Au niveau des contrats partiels et des manches, la subtilité est rarement de mise. Pour déclarer de bons chelems, en revanche, un bon bagage technique est nécessaire, ainsi que Robert va le réaliser à ses dépens.

« Blackwood ? De quel Blackwood parles-tu ? »
- « Mais si, tu m'as demandé combien j'avais d'As ma chère Germaine, ne te dérobe pas. »
- « Pas le moins du monde mon pauvre Robert ; 4SA te demande d'annoncer une mineure quatrième, si tu en possèdes une bien entendu. A l'impossible nul n'est tenu ! »
Quand ils ont débuté au bridge Germaine et Robert ont acheté deux exemplaires du même livre, afin d'éviter tout conflit dans le cas éventuel où ils souhaiteraient le consulter au même moment. L'exemplaire de Germaine n'a jamais quitté la table de chevet de l'intéressée, dans la chambre nuptiale, au troisième étage de la grande maison. Il a même fait des petits, sous forme de lectures plus sophistiquées et autres condensés techniques concernant aussi bien les enchères que le jeu de la carte.
Souvent les deux époux ne sont pas du même avis. Robert certifie alors qu'il a lu dans son ouvrage le contraire exact de ce que raconte sa femme. Tel un crucifix brandi à la face de l'hérétique, Germaine ouvre le bréviaire à la page exacte du délit, pendant que l'homme, classé dans les tous premiers performers mondiaux de la mauvaise foi, prétexte un défaut d'édition, détournant le regard pour éviter la vue de l'ouvrage malin.
Oh, bien sûr, la preuve est écrite dans son propre livre, mais de là à descendre quatre étages, cave comprise, pour aller chercher la vérité dans une vieille malle d'avant guerre… Après tout ce n'est qu'un jeu.
Mais aujourd'hui la discussion a lieu en plein tournoi, et pour le Monsieur, l'essentiel est avant tout de ne pas perdre la face.

	♠ A 3 ♥ R D 10 ♦ R D 9 2 ♣ D 7 5 4	
♠ D 10 8 2 ♥ 9 8 7 3 ♦ 6 5 ♣ A V 10	N O E S	♠ 9 7 5 ♥ 5 4 2 ♦ 7 4 3 ♣ 9 8 6 2
	♠ R V 6 4 ♥ A V 6 ♦ A V 10 8 ♣ R 3	

la séquence

SUD	OUEST	NORD	EST
Robert		Germaine	
1 SA	Passe	4 SA	Passe
5 ♥	Passe	6 SA	Fin

- « La plupart du temps il ne manquera pas deux As, fait remarquer Germaine, puisque nous possédons au moins 33 points d'honneurs en ligne ; mais un chelem à l'atout pourrait permettre de faire une ou deux levées de coupe supplémentaires. D'ailleurs, là, tu aurais gagné ton chelem à l'atout Carreau. Il suffit en effet de couper deux Piques au mort pour faire douze plis. C'est la démonstration parfaite de l'utilité de mon enchère. »

- « Mouais, dit l'autre, il est vrai qu'avec la Dame de Pique placée … »
- « Tu aurais fait onze levées, réplique sa femme avant qu'il n'ait le temps de terminer. Alors que douze levées sont sur table sans avoir besoin de réussir cette impasse. »

On a rarement trouvé meilleur exemple pour défendre le jeu à l'atout par rapport au jeu à Sans-atout.

- « Et comment fonctionne cette nouvelle convention ? » demande Robert, avec dédain.
- « C'est écrit dans ton livre, au fond de la cave… »
- « Voilà, voilà, dit l'un des adversaires, si l'on passait à la suivante. »

	Nord	
	♠ 8 7 3 ♥ A D 6 ♦ R 7 ♣ A D V 7 6	
Ouest ♠ A D ♥ V 10 9 3 ♦ 9 6 4 2 ♣ 8 5 2	N / O / E / S	**Est** ♠ V 9 6 ♥ 7 5 4 2 ♦ 10 8 5 ♣ 10 9 3
	♠ R 10 5 4 2 ♥ R 8 ♦ A D V 3 ♣ R 4	

Pour la donne suivante Robert demande la permission de changer de place avec sa femme. Question de fluide, dit-il.

Personne n'y voit d'inconvénient et Robert s'asseoit en Nord.

la séquence

SUD	OUEST	NORD	EST
Germaine		Robert	
1 ♠	Passe	2 ♣	Passe
2 ♦	Passe	3 ♠	Passe
4 ♣	Passe	4 ♦	Passe
4 ♥	Passe	4 SA	Passe
5 ♦	Passe	6 ♠	Fin

Cette fois la séquence est beaucoup plus longue, mais se conclut par un échec aussi retentissant.

- « Décidément ce n'est pas le jour des chelems », constate Robert.
- « C'est rarement le jour des chelems à 0 %, répond sa femme. Je perds deux levées d'atout même si l'As de Pique est bien placé car il manque également la Dame et le Valet. Mon chéri, je te rappelle qu'il faut respecter une qualité minimale pour désigner une couleur comme atout. Le soutien à saut à 3♠ promet au moins un gros honneur troisième, ou à la rigueur quatre petites cartes. Avec tes mauvais atouts tu aurais dû utiliser la quatrième couleur forcing avant d'exprimer ton soutien. »
- « Et alors, nous aurions joué quel contrat ? », se défend l'autre.
- « En tout cas pas 6♠, répond Germaine. Jouer une simple manche permettrait de marquer des points contre ceux qui jouent 6♠, comme toi. Avec plus de courage on peut s'attaquer à 6SA qui est sur table. »
- « Sauf si Est entame Pique », seul détail qu'a repéré Robert.
- « Encore faux, dit Germaine. Si tu utilises la quatrième couleur forcing à 2♥, je dirai 3SA pour indiquer mon arrêt et une force de 15/17 H. C'est donc moi qui recevrai l'entame et protégerai mon Roi de Pique. »

Constatant que Robert a la bougeotte

La vérité sort de... la malle !

Germaine lui propose de passer dans le camp adverse.

- « Il serait temps que tu y ailles si tu veux que nous remontions la pente. »

Dans un dernier caprice, l'homme demande à réintégrer sa place d'origine, souhait aussitôt exaucé par le camp opposé, finalement pas si mécontent des résultats de cette petite gymnastique.

- « Mais faites donc Monsieur, je vous en prie », dit Ouest en pensant que jamais deux sans trois.

- « Juste un détail ma chérie, je préfère le Blackwood à cinq clés si cela ne te dérange pas trop. »

Cette demande n'est pas si anodine que cela. Robert sait que sa femme n'a pas l'habitude de jouer cette convention et qu'elle a par ailleurs des problèmes de mémorisation. Tout cela pour rendre la vie plus difficile à une partenaire qui, il faut bien le dire, ne le ménage pas depuis le début de la séance.

	♠ A 8 2 ♥ D V 7 5 ♦ 9 ♣ A D V 10 8	
♠ 9 6 4 ♥ 2 ♦ V 5 3 2 ♣ R 7 6 4 3	N O E S	♠ R 10 5 3 ♥ 9 6 4 ♦ D 10 8 7 ♣ 5 2
	♠ D V 7 ♥ A R 10 8 3 ♦ A R 6 4 ♣ 9	

la séquence

SUD	OUEST	NORD	EST
Robert		Germaine	
1 ♥	Passe	2 ♣	Passe
2 ♦	Passe	3 ♥	Passe
4 ♣	Passe	4 SA	Passe
5 ♣	Passe	5 SA	Passe
6 ♦	Passe	7 ♥	Fin

Ouest entame atout et après avoir tiré trois tours de la couleur, Robert se résout à faire l'expasse au Roi de Trèfle. Il joue l'As du mort puis présente la Dame en défaussant un Carreau de sa main. Malheureusement Ouest prend, pas mécontent d'avoir laissé le déclarant reprendre sa place. Pour lui, ce dernier a fait un parcours parfait.

Une de chute, au grand dam de Germaine qui ne sait plus à quel saint se vouer.

- « C'est peut-être de ma faute ? », clame Robert persuadé d'avoir été parfait.

- « Si je te dis que oui tu ne me croiras pas », répond Germaine.

- « Dis toujours... »

- « Tout part de la nomination de ce contrôle à Trèfle. Si tu as le Roi, le grand chelem est sur table, car après les deux Blackwoods, je peux visualiser cinq levées d'atout, cinq levées de Trèfle, les deux As annexes. Cela fait déjà douze levées. Les coupes Carreau de la main courte fournissent alors la treizième, et peut-être une quatorzième levée. Sans le Roi de Trèfle, tout s'écroule. »

- « Il ne fallait donc pas montrer mon contrôle à Trèfle ? »

- « C'est maladroit quand il s'agit de la couleur principale du partenaire. Le singleton rend l'affranchissement difficile tandis qu'un complément d'honneur le facilite énormément. Sachant le Roi de Trèfle

absent, je me serais contentée du petit chelem déjà en danger sur l'entame Pique. »
Germaine ouvre la fiche ambulante et constate que tout le monde a joué 6♥ et que personne n'a entamé Pique. Découragée, Germaine annonce qu'elle descend à l'étage inférieur pour se rafraîchir.
Mais une petite phrase de son mari la réconforte.
- « Et moi je vais descendre à la cave », conclut Robert.

Vincent Combeau

Entraînez-vous

Magazine | Théorie | Pratique | Jeu de la carte

1

♠ R 6
♥ A D V 10 9 3
♦ V 8 3
♣ R 5

la séquence

SUD	OUEST	NORD	EST
		1 SA	Passe
3 ♥	Passe	3 ♠	Passe
4 ♣	Passe	4 ♥	Passe
?			

2

♠ 10 9 8 3
♥ 4
♦ A R 6 2
♣ D 9 4 3

la séquence

SUD	OUEST	NORD	EST
		1 ♠	Passe
3 ♠	Passe	4 ♣	Passe
4 ♦	Passe	4 ♠	Passe
?			

3

♠ A V 7 6 2
♥ R D 3
♦ R V 4
♣ A 5

la séquence

SUD	OUEST	NORD	EST
1 ♠	Passe	3 ♠	Passe
?			

4

♠ 8 5
♥ D 3 2
♦ A R D 10 5
♣ A 7 4

la séquence

SUD	OUEST	NORD	EST
		1 ♥	Passe
2 ♦	Passe	4 ♥	Passe
?			

5

♠ R D 10 6
♥ A 9 2
♦ 8 4
♣ A V 10 3

la séquence

SUD	OUEST	NORD	EST
1 ♣	Passe	1 ♥	Passe
1 ♠	Passe	2 ♦	Passe
2 ♥	Passe	3 ♠	Passe
?			

6

♠ R D V 6 3
♥ A R 8 2
♦ 10 3
♣ A 6

la séquence

SUD	OUEST	NORD	EST
1 ♠	Passe	2 ♣	Passe
2 ♥	Passe	3 ♠	Passe
4 ♣	Passe	4 ♦	Passe
?			

7

♠ A 6 3
♥ R V 8 7 4
♦ R V 5 2
♣ 3

la séquence

SUD	OUEST	NORD	EST
1 ♥	Passe	2 ♣	Passe
2 ♦	Passe	3 ♥	Passe
?			

8

♠ V 10 8 7 3
♥ -
♦ A R D 5 4
♣ A R 5

la séquence

SUD	OUEST	NORD	EST
1 ♠	Passe	3 ♠	Passe
?			

9

♠ V 8 6 3 2
♥ A 10
♦ A R 9 4
♣ R 7

la séquence

SUD	OUEST	NORD	EST
1 ♠	Passe	2 ♣	Passe
2 ♦	Passe	3 ♠	Passe
?			

10

♠ A 3
♥ A R V 10 8 7 4
♦ 9 6
♣ 7 3

la séquence

SUD	OUEST	NORD	EST
1 ♥	Passe	2 ♣	Passe
4 ♥	Passe	5 ♦	Passe
?			

11

♠ A D 9 3
♥ A R 5
♦ A R D 4
♣ 5 2

la séquence

SUD	OUEST	NORD	EST
2 ♣	Passe	2 ♦	Passe
2 SA	Passe	3 ♥	Passe
?			

12

♠ 10 4
♥ D 9 6 3
♦ A R D V 5
♣ 8 2

la séquence

SUD	OUEST	NORD	EST
		1 ♥	Passe
2 ♦	Passe	2 ♥	Passe
?			

Entraînez-vous

13
♠ R 6 2
♥ A R D V 4
♦ A 10 5
♣ 8 4

la séquence

SUD	OUEST	NORD	EST
		4 ♠	Passe
?			

14
♠ R V 6 2
♥ A R V 4 3
♦ 7
♣ 10 7 2

la séquence

SUD	OUEST	NORD	EST
		1 ♠	Passe
2 ♥	Passe	2 ♠	Passe
?			

15
♠ A R V 8 5 2
♥ D 4
♦ V 5
♣ 10 8 4

la séquence

SUD	OUEST	NORD	EST
		1 ♦	Passe
1 ♠	Passe	4 ♠	Passe
?			

16
♠ R D 8 6 3
♥ A R 3
♦ 9 4
♣ V 10 2

la séquence

SUD	OUEST	NORD	EST
		1 ♣	Passe
1 ♠	Passe	3 ♠	Passe
?			

17
♠ R V 8 7 3
♥ A V 6 4
♦ D 8
♣ R 8

la séquence

SUD	OUEST	NORD	EST
1 ♠	Passe	2 ♣	Passe
2 ♥	Passe	3 ♠	Passe
4 ♣	Passe	4 ♦	Passe
?			

18
♠ R 10 8 7 3
♥ A V 3
♦ -
♣ R V 10 9 5

la séquence

SUD	OUEST	NORD	EST
		1 ♠	Passe
2 ♣	Passe	2 ♥	Passe
3 ♠	Passe	4 ♣	Passe
4 ♦	Passe	4 SA	Passe
?			

1

♠ R 6
♥ A D V 10 9 3
♦ V 8 3
♣ R 5

la séquence

SUD	OUEST	NORD	EST
		1 SA	Passe
3 ♥	Passe	3 ♠	Passe
4 ♣	Passe	4 ♥	Passe
?			

Votre saut à 3♥ a montré une belle couleur sixième ne comportant pas plus d'une perdante et au moins l'ouverture. L'enchère de 3♠ de Nord est donc un contrôle avec un complément à Cœur, visiblement le Roi. Vous avez poursuivi par 4♣, contrôle, mais 4♥ dénie tout contrôle à Carreau. Il y a donc deux Carreaux perdants et il faut passer.

Passe : 5 ; 4SA : 0

2

♠ 10 9 8 3
♥ 4
♦ A R 6 2
♣ D 9 4 3

la séquence

SUD	OUEST	NORD	EST
		1 ♠	Passe
3 ♠	Passe	4 ♣	Passe
4 ♦	Passe	4 ♠	Passe
?			

Le retour à 4♠ de votre partenaire n'est pas un arrêt ; il indique seulement qu'il ne possède pas de contrôle à Cœur. Vous détenez ce contrôle, vous devez donc reparler. Analysez la séquence : Nord a fait une tentative de chelem, alors qu'il lui manque As-Roi de Carreau et As-Roi de Cœur. Il doit donc avoir un gros bicolore Pique-Trèfle, et toutes vos cartes sont bonnes. Concluez...

6♠ : 5 ; 4SA : 4 ; Passe : 1

3

♠ A V 7 6 2
♥ R D 3
♦ R V 4
♣ A 5

la séquence

SUD	OUEST	NORD	EST
1 ♠	Passe	3 ♠	Passe
?			

Le soutien à 3♠ indique exactement quatre cartes à Pique et 11-12 points HLD. Avec 18 points d'honneurs et tous les contrôles, vous pouvez songer au chelem, mais vous devriez rapidement abandonner cette idée. Vous avez une distribution trop régulière et des perdantes dans toutes les couleurs. Avec 10 points d'honneurs maximum, Nord ne peut pas couvrir toutes ces perdantes.

4♠ : 5 ; 4♣ : 1

4

♠ 8 5
♥ D 3 2
♦ A R D 10 5
♣ A 7 4

la séquence

SUD	OUEST	NORD	EST
		1 ♥	Passe
2 ♦	Passe	4 ♥	Passe
?			

Votre jeu est trop fort pour passer sur 4♥. Votre partenaire n'a pas ouvert en barrage ; il a donc sept beaux Cœurs et une force extérieure. Le Blackwood n'est pas une solution, car si Sud n'a qu'un As, vous ne saurez pas s'il possède le contrôle à Pique. Annoncez 5♣. Cette enchère promet le fit, et montre un contrôle à Trèfle sans contrôle à Pique. S'il le possède, Nord déclarera le chelem.

5♣ : 5 ; 4SA : 2

Magazine Théorie Pratique Jeu de la carte

5

♠ RD106
♥ A92
♦ 84
♣ AV103

la séquence

SUD	OUEST	NORD	EST
1 ♣	Passe	1 ♥	Passe
1 ♠	Passe	2 ♦	Passe
2 ♥	Passe	3 ♠	Passe
?			

En passant par la quatrième couleur forcing avant de soutenir à 3♠, Nord a fixé l'atout Pique et montré des ambitions de chelem. Votre enchère de 2♥ a limité votre force à 14-15 points d'honneurs et indiqué votre distribution. Vous êtes maximum, vous n'avez que des bonnes cartes et des atouts solides. Manifestez votre intérêt en nommant votre premier contrôle.

4♣ : 5 ; 4♠ : 2

6

♠ RDV63
♥ AR82
♦ 103
♣ A6

la séquence

SUD	OUEST	NORD	EST
1 ♠	Passe	2 ♣	Passe
2 ♥	Passe	3 ♠	Passe
4 ♣	Passe	4 ♦	Passe
?			

Avec cette belle main de 17 pts d'honneurs, vous n'avez pas hésité à annoncer votre premier contrôle sur le fit forcing du partenaire. Nord a nommé son contrôle à Carreau, et vous avez tous les éléments : tous les contrôles et des atouts maîtres. Inutile de tergiverser ; 4♥ montrerait que vous ne pouvez pas poser le Blackwood.

Dites 4SA : 4SA : 5 ; 4♥ : 2

7

♠ A63
♥ RV874
♦ RV52
♣ 3

la séquence

SUD	OUEST	NORD	EST
1 ♥	-	2 ♣	-
2 ♦	-	3 ♥	-
?			

Comme à la question précédente, 3♥ est une enchère de chelem, qui promet au moins un gros honneur troisième à Cœur (ou quatre cartes) et 16 points HLD. Toutefois, vous n'avez pas encore précisé votre force, et votre jeu est tout à fait minimum. Vous n'êtes donc pas obligé de nommer vos contrôles, et vous devez revenir à 4♥. Il s'agit d'un coup de frein, si Nord a plus que promis, il reparlera.

4♥ : 5 ; 4♦ : 1 ; 4♣ : 0

8

♠ V10873
♥ -
♦ ARD54
♣ AR5

la séquence

SUD	OUEST	NORD	EST
1 ♠	-	3 ♠	-
?			

Ici, votre problème est simple : quelle est la qualité des Piques de Nord ? Nommer un contrôle ne vous avancera à rien et ne peut qu'embrouiller les enchères. Faites un saut à 5♠, qui dans cette séquence demande de beaux Piques pour jouer le chelem. Nord déclarera le chelem avec deux honneurs, voire avec l'As quatrième. Dans tous les autres cas, le chelem sera inexistant ou médiocre.

5♠ : 5 ; 4♣ : 2

9

♠ V 8 6 3 2
♥ A 10
♦ A R 9 4
♣ R 7

la séquence

SUD	OUEST	NORD	EST
1 ♠	Passe	2 ♣	Passe
2 ♦	Passe	3 ♠	Passe
?			

Toujours cette séquence de fit forcing, mais un nouveau problème se pose à vous. Votre jeu est trop riche en contrôles pour vous contenter de 4♠, et annoncer votre premier contrôle serait évident si vous aviez de meilleurs atouts. Pour attirer l'attention de Nord sur la faiblesse de vos Piques, dites 3SA. L'atout étant agréé, 3SA indique de mauvais atouts, au mieux la Dame cinquième.

3SA : 5 ; 4♣ : 3 ; 4 ♠ : 1

10

♠ A 3
♥ A R V 10 8 7 4
♦ 9 6
♣ 7 3

la séquence

SUD	OUEST	NORD	EST
1 ♥	Passe	2 ♣	Passe
4 ♥	Passe	5 ♦	Passe
?			

Votre saut à 4♥ a montré une belle couleur septième ; 5♦ est un contrôle, qui affirme aussi le contrôle à Trèfle, mais dénie le contrôle à Pique (sans contrôle à Trèfle ni à Pique, Nord passerait sur 4♥). Vous devez donc reparler, et plutôt que de déclarer 6♥, dites 5♠. Cette enchère promet le contrôle du premier tour à Pique, et permettra peut-être à Nord de déclarer le grand chelem.

5♠ : 5 ; 6♥ : 3 ; 5♥ : 1

11

♠ A D 9 3
♥ A R 5
♦ A R D 4
♣ 5 2

la séquence

SUD	OUEST	NORD	EST
2 ♣	Passe	2 ♦	Passe
2 SA	Passe	3 ♥	Passe
?			

Votre très beau jeu est encore revalorisé par le Texas de Nord, et vous ne devez pas vous contenter de rectifier à 3♠ comme vous le feriez avec trois petites cartes. Toutefois, vous ne pouvez pas bondir à 4♠ qui promet un fit quatrième, et au moins un contrôle du deuxième tour dans toutes les couleurs. L'enchère de 4♦ permet de décrire le fit quatrième et le contrôle à Carreau sans contrôle à Trèfle : 4♦ : 5 ; 3♠ : 3 ; 4♠ : 1

12

♠ 10 4
♥ D 9 6 3
♦ A R D V 5
♣ 8 2

la séquence

SUD	OUEST	NORD	EST
		1 ♥	Passe
2 ♦	Passe	2 ♥	Passe
?			

Avec 12 points d'honneurs, vous pouvez être tenté de conclure à 4♥, mais le chelem n'est pas exclu. Si Nord avait par exemple As-Roi de Cœur, un As et un Roi, il y aurait douze levées de tête. Même si vous jouez 3♥ forcing, vous disposez d'une enchère plus précise. Le saut à 4♦ montre un fit quatrième, cinq Carreaux maîtres, et dénie tout contrôle annexe.

4♦ : 5 ; 3♥ (forcing) : 5 ; 4♥ : 2

Magazine Théorie Pratique Jeu de la carte

13

♠ R 6 2
♥ A R D V 4
♦ A 10 5
♣ 8 4

la séquence

SUD	OUEST	NORD	EST
		4 ♠	Passe
?			

Il est exclu de passer sur 4♠, mais également de poser le Blackwood sans contrôle à Trèfle. Une solution "sauvage" consiste à sauter à 6♠ en espérant au pire que les adversaires se trompent d'entame ! Plus sérieusement, adoptez le système des interrogatives. 5♣ est une question : Nord répondra 5♦ sans contrôle, 5♥ avec le contrôle en second et 5♠ avec le contrôle du premier tour.

5♣ (interrogatif) : 5 ; 5♦ : 3 ; 6♠ : 2

14

♠ R V 6 2
♥ A R V 4 3
♦ 7
♣ 10 7 2

la séquence

SUD	OUEST	NORD	EST
		1 ♠	Passe
2 ♥	Passe	2 ♠	Passe
?			

Cette fois encore, vous avez trop de jeu pour conclure à 4♠. Si cette enchère est forcing dans votre système, vous pouvez dire 3♠, mais il y a une enchère plus précise : le Splinter à 4♦. Il indique un fit quatrième et un singleton à Carreau. Il ne saurait y avoir d'ambiguité : avec un bicolore Cœur-Carreau vous auriez annoncé 3♦, une enchère forcing et illimitée.

4♦ : 5 ; 3♠ : 3 ; 4♠ : 1

15

♠ A R V 8 5 2
♥ D 4
♦ V 5
♣ 10 8 4

la séquence

SUD	OUEST	NORD	EST
		1 ♦	Passe
1 ♠	Passe	4 ♠	Passe
?			

Nord a promis un jeu de 20-22 points HLD sans singleton, vous avez donc trop de jeu pour passer. Mais vous n'avez aucun contrôle à annoncer, et un Blackwood ne servirait à rien. Choisissez l'enchère bivalente de 5♠, qui montre tous les contrôles et un problème à l'atout, ou des atouts maîtres sans contrôle extérieur. Il suffira à Nord de regarder ses cartes pour ne pas se tromper sur votre main :

5♠ : 5 ; 4SA : 1

16

♠ R D 8 6 3
♥ A R 3
♦ 9 4
♣ V 10 2

la séquence

SUD	OUEST	NORD	EST
		1 ♣	Passe
1 ♠	Passe	3 ♠	Passe
?			

Il semble évident de dire 4♥ : contrôle à Cœur et proposition de chelem sans contrôle en mineur. Cependant, cette enchère prend beaucoup d'espace. Il est préférable d'utiliser l'enchère conventionnelle de 3SA qui demande à l'ouvreur d'annoncer ses contrôles. Il ne peut être question de jouer 3SA, alors que le fit à Pique est agréé, et que Nord a indiqué une distribution irrégulière.

3SA : 5 ; 4♥ : 4 ; 4SA : 1

17

♠ RV873
♥ AV64
♦ D8
♣ R8

la séquence

SUD	OUEST	NORD	EST
1 ♠	Passe	2 ♣	Passe
2 ♥	Passe	3 ♠	Passe
4 ♣	Passe	4 ♦	Passe
?			

Vous savez maintenant que votre camp possède tous les contrôles, mais est-ce suffisant pour assurer le chelem si Nord a deux As ? Vous avez trop de perdantes pour pouvoir interroger, mais 4♠ dénierait le contrôle à Cœur. Pour traduire votre embarras, annoncez 4♥, dernier contrôle, ce qui transfère la décision à votre partenaire.

4♥ : 5 ; 4SA : 2

18

♠ R10873
♥ AV3
♦ -
♣ RV1095

la séquence

SUD	OUEST	NORD	EST
		1 ♠	Passe
2 ♣	Passe	2 ♥	Passe
3 ♠	Passe	4 ♣	Passe
4 ♦	Passe	4 SA	Passe
?			

L'enchère de 4♣ de Nord ayant promis un honneur à Trèfle, le petit chelem est certain, et le grand possible. Vous ne pouvez pas répondre 5♦, car si Nord conclut à 6♠, vous ne saurez pas s'il manque l'As de Carreau ou l'As d'atout. Le saut à 6♦ permet d'indiquer un As et une chicane à Carreau.

6♦ : 5 ; 6♠ : 3 ; 5♦ : 1

Philippe Poizat

Magazine

Théorie

Pratique

Jeu de la carte

Enchères à deux

Photocopiez les mains d'Est en page suivante, et donnez la photocopie à votre partenaire. Vous pouvez alors enchérir avec lui, puis consulter la solution en page 144.

MAINS D'OUEST

1

♠ AD862
♥ A10
♦ V1073
♣ R8

Ouest donneur, personne vulnérable.

2

♠ A82
♥ 6
♦ 9632
♣ R9852

Est donneur, Nord-Sud vulnérables.

3

♠ RV73
♥ V5
♦ AV6
♣ DV83

Ouest donneur, Est-Ouest vulnérables.

4

♠ D984
♥ 76
♦ V732
♣ A103

Nord donneur, ouvre d'1♦.
Tous vulnérables.

5

♠ -
♥ AV973
♦ A106
♣ D10962

Ouest donneur, personne vulnérable.

6

♠ ARV72
♥ A95
♦ A63
♣ R2

Est donneur, Nord-Sud vulnérables.

7

♠ V652
♥ 2
♦ AR85
♣ AD63

Ouest donneur, Est-Ouest vulnérables.

MAINS D'EST

1

♠ R 7 4
♥ R D 3
♦ 8 2
♣ A D V 9 4

Ouest donneur, personne vulnérable.

2

♠ D
♥ A R 8 7 5
♦ A V
♣ A D 7 6 3

Est donneur, Nord-Sud vulnérables.

3

♠ A 10 6 2
♥ A D 4 3
♦ R 10 3
♣ R 6

Ouest donneur, Est-Ouest vulnérables.

4

♠ A R V 5 3
♥ A R D 8 4
♦ -
♣ D 9 6

Nord, donneur, ouvre d'1♦.
Tous vulnérables.

5

♠ A R V 2
♥ R D 10 5 4
♦ D V 3
♣ 4

Ouest donneur, personne vulnérable.

6

♠ D 9 8 4
♥ R 6
♦ R 5
♣ A D 8 6 4

Est donneur, Nord-Sud vulnérables.

7

♠ R 10 7 4
♥ A R V 7 6 3
♦ -
♣ R V 10

Ouest donneur, Est-Ouest vulnérables.

Enchères à deux : commentaires

1.

Ouest	Est
♠AD862	♠R74
♥A10	♥RD3
♦V1073	♦82
♣R8	♣ADV94

la séquence

SUD	OUEST	NORD	EST
	1♠	Passe	2♣
Passe	2♦	Passe	3♠
Passe	4♣	Passe	4♥
Passe	4♠	Fin	

Ouest annonce son bicolore, et sur 2♦, Est est trop fort pour se contenter de 4♠. Certes, il ne s'agirait pas d'un arrêt, mais d'une enchère assez décourageante. Est annonce donc 3♠, un fit forcing qui garantit au moins 16 points HLD et un gros honneur troisième ou quatre cartes. Le jeu d'Ouest n'est pas énorme, mais trop riche pour donner un coup de frein à 4♠. Il annonce son premier contrôle, 4♣, qui, dans la première couleur du répondant promet un contrôle d'honneur et pas de courte. Est annonce maintenant 4♥, qui dénie formellement un contrôle à Carreau et Ouest, sachant qu'il y a deux Carreaux à perdre, doit se contenter de revenir à 4♠.

4♠ : 20 ; 5♠ : 12 ; 6♠ : 3

2.

Ouest	Est
♠A82	♠D
♥6	♥AR875
♦9632	♦AV
♣R9852	♣AD763

la séquence

SUD	OUEST	NORD	EST
			1♥
Passe	1 SA	Passe	3♣
Passe	4♣	Passe	4♦
Passe	4♠	Passe	4 SA
Passe	5♦	Passe	6♣
Fin			

Est a un jeu très fort, mais ne dispose pas d'une autre ouverture qu'1♥. Sur 1SA, il fait un saut à 3♣, forcing de manche. Cette enchère ne promet pas un bicolore 5-5 (parfois même Est n'aura que trois cartes à Trèfle), mais au moins 20 points DH. Ouest doit exclure de jouer 3SA, et il est trop fort pour conclure à 5♣. Il soutient donc à 4♣, ce qui promet un beau fit, cinq cartes ou deux honneurs quatrièmes. Avec un fit médiocre, il faudrait annoncer 3SA avec les arrêts annexes, ou nommer une force. Est pourrait pratiquement bondir à 6♣, mais il préfère indiquer son contrôle à Carreau. Ouest dit 4♠, 4♥ étant interdit avec un singleton dans la première couleur du partenaire. Est pose le Blackwood, puis conclut à 6♣. Compte tenu de la première réponse d'1SA, le grand chelem est exclu.

6♣ : 20 ; 5♣ : 6 ; 3 SA : 5

3.

Ouest	Est
♠ R V 7 3	♠ A 10 6 2
♥ V 5	♥ A D 4 3
♦ A V 6	♦ R 10 3
♣ D V 8 3	♣ R 6

la séquence

SUD	OUEST	NORD	EST
	1 ♣	Passe	1 ♥
Passe	1 ♠	Passe	2 ♦
Passe	2 SA	Passe	3 ♠
Passe	4 ♠	Fin	

Sur la redemande évidente d'Ouest à 1♠, Est a besoin d'informations supplémentaires pour savoir s'il faut jouer la manche ou le chelem. Aucun soutien à Pique n'est forcing (le soutien direct à 4♠ étant limité à 13-14 points d'honneurs), et Est est donc obligé de transiter par la quatrième couleur forcing avant de soutenir. Ouest répond 2SA ; il promet en principe un arrêt à Carreau (il pourrait exceptionnellement faire cette enchère avec trois petites cartes), et dénie formellement trois cartes à Cœur. Sa force est limitée à 14-15 points d'honneurs. Malgré cela, Est ne doit pas encore renoncer. Son jeu est très riche en contrôles, et le chelem reste possible si son partenaire possède les bonnes cartes. Il soutient donc à 3♠, une enchère de chelem lorsqu'elle est faite après une quatrième couleur forcing. Ouest a déjà limité sa main, mais celle-ci n'a vraiment rien d'attrayant : un seul As, des atouts médiocres, pas d'honneur à Cœur dans la longue présumée de son partenaire. Il décide donc de ne pas annoncer son contrôle à Carreau, et se contente de revenir à 4♠. Il ne s'agit pas d'un arrêt, Est n'ayant jamais limité sa main. Ouest montre simplement son peu d'enthousiasme pour le chelem. Toutefois, Est a déjà tout dit, et il passe sans regret. Bien que le camp possède tous les contrôles, on constate que le chelem est très mauvais, et on est déjà en danger au palier de 5.

4♠ : 20 ; 5♠ : 11 ; 6♠ : 4

4.

Ouest	Est
♠ D 9 8 4	♠ A R V 5 3
♥ 7 6	♥ A R D 8 4
♦ V 7 3 2	♦ -
♣ A 10 3	♣ D 9 6

la séquence

SUD	OUEST	NORD	EST
		1 ♦	2 ♦
Passe	3 ♠	Passe	4 ♦
Passe	5 ♣	Passe	6 ♠
Fin			

Rappelons que les enchères de bicolore n'ont pas de limite supérieure, puisqu'on aura toujours l'occasion de reparler. Avec un As et un honneur quatrième à l'atout, Ouest ne doit pas se contenter de 2♠ comme s'il avait un jeu nul. Il fait un saut à 3♠ qui donne le plein de sa main. Est pense au chelem, mais il ne peut pas le déclarer sans contrôle à Trèfle. 4♦ affiche clairement l'envie de jouer le chelem avec le contrôle à Carreau et sans contrôle à Trèfle. Ouest, qui a limité sa main par sa première enchère, ne doit pas hésiter à montrer son As de Trèfle, ce qui permet à Est de conclure.

6♠ : 20 ; 4♠ : 7 ; 7♠ : 4

5.

Ouest	Est
♠ -	♠ A R V 2
♥ A V 9 7 3	♥ R D 10 5 4
♦ A 10 6	♦ D V 3
♣ D 10 9 6 2	♣ 4

la séquence

SUD	OUEST	NORD	EST
	1 ♥	Passe	1 ♠
Passe	2 ♣	Passe	2 ♦
Passe	3 ♣	Passe	3 ♥
Passe	4 ♥	Passe	4 ♠
Passe	5 ♦	Passe	6 ♥
Fin			

Sur 2♣, Est ne dispose d'aucune enchère de soutien forcing. Après une réponse 1 sur 1, le saut à 3♥ n'est pas forcing. Est utilise donc la quatrième couleur forcing, et Ouest continue de se décrire, 3♣ n'ajoutant rien à sa force. Est dit maintenant 3♥, une enchère ambiguë qui peut cacher un fit fort, ou un honneur second sans arrêt à Carreau. Ouest pourrait donc dire 3SA, mais avec une chicane et un seul arrêt à Carreau, il préfère 4♥. Est doit faire un effort, mais il ne peut interroger sans contrôle à Carreau. Il dit 4♠, contrôle qui exprime maintenant son fit et ses ambitions. Ouest doit indiquer son As de Carreau, et Est conclut.

6♥ : 20 ; 4♥ : 6 ; 7♥ : 1

6.

Ouest	Est
♠ A R V 7 2	♠ D 9 8 4
♥ A 9 5	♥ R 6
♦ A 6 3	♦ R 5
♣ R 2	♣ A D 8 6 4

la séquence

SUD	OUEST	NORD	EST
			1 ♣
Passe	1 ♠	Passe	2 ♠
Passe	2 SA	Passe	3 ♣
Passe	3 ♦	Passe	3 ♥
Passe	4 ♣	Passe	4 ♦
Passe	4 SA	Passe	5 ♦
Passe	5 SA	Passe	7 ♠
Fin			

Sur 2♠, Ouest sait qu'il va jouer le petit ou le grand chelem. Pour en savoir plus, il commence par 2SA, essai généralisé destiné à faire préciser la main de l'ouvreur. 3♣, après l'ouverture d'1♣, promet deux gros honneurs mais pas une longue. S'en suit une séquence de contrôles et Est ayant montré les deux contrôles rouges, Ouest interroge. 5SA n'est pas seulement un appel aux Rois, mais une incitation au grand chelem, et Est doit s'exécuter : il possède la Dame de Pique, et un cinquième Trèfle non encore promis.

7♠ : 20 ; 6♠ : 8 ; 7SA : 4

7.

Ouest	Est
♠ V652	♠ R1074
♥ 2	♥ ARV763
♦ AR85	♦ -
♣ AD63	♣ RV10

la séquence

SUD	OUEST	NORD	EST
	1 ♦	Passe	1 ♥
Passe	1 ♠	Passe	2 ♣
Passe	2 SA	Passe	3 ♠
Passe	3 SA	Passe	4 ♠
Fin			

Cette fois encore, Est ne dispose pas d'enchère de soutien forcing sur 1♠, et doit donc utiliser la quatrième couleur forcing. Ouest ne doit pas annoncer ses Trèfles : 3♣, soutien de la quatrième couleur, promettrait une main de deuxième zone. Il doit se contenter de 2SA, qui promet l'arrêt à Trèfle et dénie trois cartes à Cœur. Est soutient maintenant à 3♠, dévoilant ses ambitions de chelem. Ouest est maximum, mais il a de très mauvais Piques. Il le signale par l'enchère conventionnelle de 3SA, et Est doit s'incliner.

4♠ : 20 ; 5♠ : 10 ; 6♠ : 5

Philippe Poizat

Les Splinters

De toutes les conventions, le Splinter est une des plus utiles pour la nomination des chelems à la couleur. Encore faut-il savoir quand et comment l'utiliser. Petit tour d'horizon...

Le Splinter est un saut anormal dans une couleur afin de promettre le fit et un singleton dans la couleur annoncée. Exemple :

Sud	Nord
1 ♠	4 ♦

Le saut à 4♦ indique un fit (ici quatrième) et un singleton à Carreau.

Naturellement, ce saut est une enchère de chelem et nous verrons plus tard avec quel type de mains elle doit être utilisée.
L'avantage de connaître d'emblée le singleton du partenaire est manifeste. Supposez que vous possédiez :

♠ AD8642
♥ R94
♦ 863
♣ A

Vous ouvrez d'1♠, et votre partenaire bondit à 4♦ comme dans la séquence ci-dessus. Bien que le répondant ne possède pas plus de 12 points d'honneurs, le chelem est plus que probable.
Pourquoi ? Parce que l'absence de points perdus à Carreau, c'est-à-dire de petits honneurs en face du singleton, implique que tous les honneurs détenus par le camp sont utiles.
Dans notre exemple, Nord ne peut pas avoir moins que l'As de Cœur, le Roi de Pique quatrième, et soit la Dame de Cœur soit le Roi de Trèfle, ce qui assure pratiquement le chelem.
Supposez en revanche que vous déteniez :

♠ AD864
♥ D9
♦ RD3
♣ A73

Cette fois, vous avez 17 points d'honneurs, mais après le même début de séquence, vous ne devez même pas penser au chelem. Vous pouvez, à priori, déchirer Roi-Dame de Carreau, et avec toutes ces perdantes, il faudrait que votre vis-à-vis possède un gros jeu ou une longue annexe pour aligner douze levées. Et dans ce cas, il n'aurait pas fait un Splinter.
L'utilité de pratiquer la convention Splinter étant établie, reste à en préciser les conditions d'application dans les différents cas où elle est utilisée.

Le Splinter direct

Le Splinter direct se fait en réponse à une ouverture .

Sud	Nord	
1 ♥	3 ♠	courte à Pique
	4 ♣	courte à Trèfle
	4 ♦	courte à Carreau

et de même :

Sud	Nord	
1 ♠	4 ♣	courte à Trèfle
	4 ♦	courte à Carreau
	4 ♥	courte à Cœur*

(*) Certains champions préfèrent conserver son caractère naturel à l'enchère de 4♥.

Pour ceux qui souhaitent jouer le saut à 4♥ naturel et conserver la possibilité d'annoncer le singleton à Cœur, il existe une solution, qui nécessite toutefois un effort de mémorisation.

Sud	Nord	
1 ♠	4 ♣	courte à Trèfle **ou** à Cœur
	4 ♦	courte à Carreau
	4 ♥	naturel.

Sur 4♣, si l'ouvreur a besoin de connaître la couleur du singleton, il interroge à 4♦ :

Sud	Nord	
1 ♠	4 ♣	courte à Trèfle
4 ♦	4 ♥	courte à Cœur
	4 ♠	naturel

En plus du singleton, le Splinter promet :
- un fit quatrième
- une force de 9 à 12 points d'honneurs.
- de plus, si le répondant possède une couleur cinquième, il n'utilisera le Splinter que si cette couleur est de mauvaise qualité :

En réponse à l'ouverture d'1♠, faites un Splinter avec la main 1, mais pas avec la main 2. Nanti d'une belle couleur cinquième, vous devez d'abord dire 2♣. La connaissance d'une belle couleur secondaire sera souvent la clé du chelem.

Main 1	Main 2
♠ R 7 5 3	♠ D 7 5 4
♥ A V 4	♥ V 10 8
♦ 7	♦ 8
♣ D 7 6 4 2	♣ A D V 8 2

Modifications en cas d'intervention

Si l'adversaire intervient, il n'existe plus de Splinter que dans la couleur d'intervention. Les sauts au palier de 4 dans les autres couleurs sont naturels, et promettent une belle couleur cinquième et un fit quatrième.

Observez les deux mains suivantes :

Main 1	Main 2
♠ R 7 5 3	♠ R 10 8 7
♥ 9	♥ 8
♦ A D 3	♦ A R V 8 6 2
♣ D 7 5 3 2	♣ 9 8

Après une ouverture d'1♠ de votre partenaire et une intervention à 2♥, vous annoncerez 4♥ avec la main 1 pour indiquer quatre atouts, un jeu de manche et un singleton à Cœur, mais vous bondirez à 4♦ avec la main 2 car il est indispensable de présenter cette belle couleur. Attention, il n'y a pas de Splinter direct après une ouverture en mineure. Les enchères de 4♥ et 4♠ sont bien sûr naturelles.

SPLINTER AU DEUXIÈME TOUR

Nous l'avons dit, l'utilisation du Splinter direct dénie une belle couleur cinquième ou plus. Il est toutefois possible de faire un Splinter au deuxième tour. Ainsi, vous possédez en Nord :

Sud	Nord
1 ♠	2 ♦
2 ♠	4 ♥

Nord
♠ R 8 6 4
♥ 7
♦ A D V 9 7 3
♣ 9 4

Il n'est évidemment pas question de Splinter direct avec une aussi belle couleur à Carreau. Nord commence donc par 2♦, puis, au second tour, il saute à 4♥ pour indiquer sa courte à Cœur.

Notez bien qu'il ne peut pas y avoir d'ambiguïté. 4♥ ne peut être une enchère naturelle - Nord dirait 3♥ - ni même un contrôle d'honneur à Cœur. Si Nord voulait lancer une procédure de contrôles, il commence-

rait par soutenir à 3♠. 4♥ ne peut donc être que l'expression d'une courte.
Cette fois encore, l'utilisation du Splinter dénie un gros jeu. Si vous ajoutez l'As de Trèfle à la main ci-dessus, Nord devra, sur 2♠, commencer par un soutien forcing à 3♠ (ou par dire 3♣ s'il joue ce soutien au palier de 3 non forcing).
Vous constatez donc que ce Splinter de deuxième tour donne une image parfaite de la main. L'ouvreur est immédiatement à même de juger ses cartes, et de décider de poursuivre ou non sur la route du chelem.

Les Splinters concernent également les mineures, même si les cas sont rares. Deux exemples :

Sud	Nord	Sud	Nord
1 ♦	2 ♣	1 ♣	1 ♠
2 ♦	4 ♥	2 ♣	4 ♦

Sur la répétition des Carreaux, le saut à 4♥ ne peut être qu'un Splinter. Si Nord voulait démarrer une procédure de contrôle, il commencerait par un soutien forcing à 3♦. Une main possible de Nord :

♠ 86
♥ 7
♦ RV983
♣ ARV87

De même sur la répétition des Trèfles, le saut à 4♦ est un Splinter avec une main du genre :

♠ AR65
♥ 763
♦ 3
♣ AV873

Splinter en réponse aux interventions

En réponse aux interventions, qu'il s'agisse de majeure ou de mineure, on applique la même règle que dans le cas où l'adversaire intervient après notre ouverture : il n'existe de Splinter que dans la couleur des adversaires. Les autres sauts sont des bicolores fittés. Exemple :

la séquence

SUD	OUEST	NORD	EST
	1 ♦	1 ♠	Passe
?			

Que dites-vous en Sud avec ?

Main 1

♠ R753
♥ AR7
♦ 7
♣ V10875

Main 2

♠ D754
♥ V53
♦ 8
♣ ARV63

- Avec la main 1, vous annoncerez 4♦, pour indiquer quatre atouts et un jeu de manche avec un singleton à Carreau et sans belle couleur annexe.
- Avec la main 2, vous choisirez le saut à 4♣, qui promet également un fit quatrième, mais cette fois avec une belle couleur cinquième à Trèfle.

Notez au passage que 3♣ serait aussi l'expression d'un fit quatrième et d'une couleur à Trèfle, mais avec moins de jeu. C'est l'enchère que vous feriez avec la main 2 si vous enlevez le Roi de Trèfle. Le partenaire peut alors nommer la manche, ou s'arrêter à 3♠ en connaissance de cause.

Les autres Splinters

De nombreuses autres situations se prêtent à l'utilisation du Splinter.
C'est le cas après une ouverture de 2 faible :

Sud	Nord	Sud	Nord
2 ♥	2 ♠	2 ♠	3 ♣
4 ♣		4 ♦	

Dans ces deux séquences, le saut de l'ouvreur de 2 faible est un Splinter, qui promet une ouverture correcte, un fit troisième dans la couleur du répondant et bien sûr le fameux singleton.
Lorsque le répondant utilise le relais à 2SA, l'ouvreur peut aussi décrire sa courte par un Splinter pour peu qu'il possède une belle couleur d'ouverture. Un exemple en Sud :

Sud	Nord
2 ♠	2 SA
4 ♥	

♠ AD10876
♥ 7
♦ 972
♣ D43

Ici, l'utilisation du Splinter dénie la présence d'un gros honneur annexe (As ou Roi), qui serait annoncé en priorité.
Enfin, si vous décidez de jouer les Splinters en "toutes positions", tout saut anormal devra être considéré comme tel. Un exemple :

la séquence

SUD	OUEST	NORD	EST
			1 ♦
1 ♠	Passe	2 ♦	Passe
4 ♣			

En réponse au cue-bid fitté, le saut à 4♣ est un Splinter qui montre une bonne main avec une solide couleur d'atout et une courte à Trèfle. Avec un bicolore, Sud dirait 3♣.

Splinter ou fragment bids ?

Une autre situation se prête à l'utilisation du Splinter : les enchères de rencontre. Cette expression ne signifie nullement que vous venez de rencontrer votre partenaire, mais que vous possédez un fit dans sa couleur de réponse. Un exemple en Sud :

Sud	Nord
1 ♦	1 ♠
?	

♠ AD75
♥ 8
♦ ARV75
♣ AV2

Vous ne pouvez évidemment pas vous contenter d'un soutien à 2♠, ni même à 3♠ non forcing. En l'absence de convention, vous pouvez toujours déclarer 4♠, mais cette enchère en dit bien peu sur la forme de la main.
Comme le palier atteint est élevé, il est important de donner en même temps sa force et sa distribution.
Pour ce faire, il est couramment admis que le saut à 4♠ indique un jeu 5-4-2-2 de 18-19 points, tandis que 3SA promet une main régulière, 4-4-3-2 ou 4-3-3-3 (après une ouverture d'1♣). Lorsque le jeu possède un singleton, le Splinter peut être utilisé. Dans notre exemple, le saut à 4♥ promet un singleton à Cœur, et une main d'au moins 19 points HLD.
Il existe toutefois une autre convention pour traiter ces heureuses rencontres : les fragment bids.
Si vous adoptez cette convention, le saut au palier de 4 ne montre plus un singleton. Il promet :
- Cinq cartes dans la couleur d'ouverture.
- L'As de la couleur annoncée.
- Un singleton dans la dernière couleur.
- Cinq des sept cartes clés que sont A R D

d'atout, A R D de la couleur de réponse, et le fameux As de la couleur annoncée (on peut également dire quatre cartes clés plus l'As). Appliquons à notre exemple :
Sud possède bien cinq cartes à Carreau, l'As de Trèfle, un singleton à Cœur, et quatre cartes clés en plus de l'As de Trèfle que sont As-Dame de Pique et As-Roi de Carreau.
Si Sud joue le fragment-bid, il doit donc sauter à 4♣.
Attention, si une seule des conditions requises n'est pas remplie, vous ne devez surtout pas faire de fragment-bid, car votre partenaire pourrait bien sauter directement au grand chelem !
Ainsi, après le même début de séquence, vous direz (mains ci-contre) :
La main 1 ne comporte en tout que quatre cartes clés. Commencez par un bicolore à saut à 3♣ forcing de manche, vous nommerez 4♠ au tour suivant.

Main 1	Main 2
♠ AV75	♠ AD75
♥ 8	♥ AV
♦ ARV75	♦ ARV752
♣ AV2	♣ 3

Avec la main 2, le fragment bid est également interdit, car vous avez un Carreau de trop. Ce sixième Carreau pourrait bien être la treizième levée ! Cette fois c'est le saut à 3♥, baptisé "super-forcing", qui décrit la force et la distribution. Toutefois, si vous jouez ce saut naturel (bicolore 6-5 faible), commencez par un bicolore cher à 2♥ avant de nommer 4♠.

L'avantage de cette convention est qu'elle permet au partenaire de décider instantanément du contrat final, manche, petit ou grand chelem.
Les fragment-bids ont été très en vogue pendant longtemps chez les experts. Toutefois, nous vous conseillons aujourd'hui d'adopter plutôt les Splinters :
- L'intransigeance qu'impose les fragment-bids rend leur application très rare, et oblige souvent à des contorsions regrettables pour exprimer son jeu.
- L'effort de mémoire est important et accroit donc les risques d'erreur.
- Enfin et surtout, l'utilisation du Blackwood à 5 clés permet d'obtenir ultérieurement les informations nécessaires.

Patrice Conte

Le laboratoire du jeu de la carte

Posséder les ressources qui permettent d'envisager douze ou treize levées confère un énorme avantage au déclarant d'un chelem, qui dispose alors de toute la palette des techniques du jeu de la carte. Son principal problème sera de sélectionner la mieux adaptée à ses besoins du moment. C'est Robert Berthe, le spécialiste incontesté des plans de jeu, qui nous explique les éléments du diagnostic.
Les défenseurs ne reprenant la main qu'une fois, au pire, sont d'autant moins capables de contrecarrer les projets de leur adversaire. En conséquence, c'est quand on joue un chelem qu'il est le plus facile de monter des fins de coups : élimination, réductions d'atout, squeezes ! On peut bien dire que les chelems constituent le laboratoire du jeu de la carte, un établisssement que vous visiterez en compagnie de Pierre Saporta.
Le camp de la défense, réduit à la portion congrue, a toujours l'avantage de l'entame. À lui d'en profiter pour construire la chute éventuelle ou pour se cantonner dans une neutralité qui laissera le déclarant face à son destin. Notre regretté Patrice Conte vous aide à choisir entre ces deux stratégies tout à fait opposées.

Bien entamer contre un chelem à l'atout

D'une manière générale, l'entame est un des aspects les plus difficiles de notre jeu. Le sort de très nombreux contrats se décide à l'entame, c'est dire que contre les chelems, les écarts sont énormes...

Magazine

Théorie

Pratique

Jeu de la carte

Bien entamer est un art rémunérateur mais délicat. Il nécessite en même temps beaucoup de technique, du talent, de l'inspiration... et un peu de chance !

Pour ce qui est de la chance, choisissez bien vos grigris, et quant à l'inpiration et au talent, ils viennent lentement avec le temps (ou pas !).

C'est donc plutôt sur la technique que va porter cet article, et plus précisément sur la technique propre à l'entame contre un chelem à la couleur.

Neutre ou agressif ?

Contrairement à une idée reçue, la neutralité ne s'impose pas lorsque vous entamez contre un chelem. Un exemple pour bien se comprendre.

Assis en Sud et muni de ce monument, vous entendez tout d'abord la séquence suivante :

♠ A 6 5
♥ R 9 7 4
♦ 10 9 8 7
♣ 9 4

la séquence

SUD	OUEST	NORD	EST
	1 ♣	Passe	1 ♠
Passe	2 ♠	Fin	

C'est donc à vous d'entamer, et votre choix se porte tout naturellement sur le 10 de Carreau. Pourquoi courir le moindre risque alors que vos adversaires se sont arrêtés au palier de 2, et que vous devriez avoir tout le temps d'organiser la défense après avoir vu le mort ?

Supposez maintenant que la séquence se déroule ainsi :

la séquence

SUD	OUEST	NORD	EST
			1 ♠
Passe	2 ♣	Passe	2 ♠
Passe	3 ♠	Passe	4 ♠
Fin			

C'est encore à vous d'entamer, et si vous êtes toujours tenté par le 10 de Carreau, l'analyse de la séquence (premier devoir de l'entameur quel que soit le palier atteint par l'adversaire) peut vous amener à douter. Ouest a fait une proposition de chelem, et il ne serait pas surprenant qu'il possède une belle couleur secondaire à Trèfle, pourvoyeuse de défausses après un éventuel affranchissement. Du coup, vous envisagez d'entamer sous votre Roi de Cœur en espérant affranchir une ou deux levées dans la couleur où vous avez un appui, et cela tant que vous possédez encore l'As d'atout. Cet argument est-il déterminant ? Affaire de style, les deux entames ont leur charme.

Imaginez enfin la séquence suivante :

la séquence

SUD	OUEST	NORD	EST
			1 ♠
Passe	2 ♣	Passe	2 ♠
Passe	3 ♠	Passe	4 ♣
Passe	4 ♥	Passe	4 SA
Passe	5 ♥	Passe	6 ♠
Fin			

Au palier de 6, c'est maintenant l'entame à Cœur qui s'impose. Vos adversaires ont eu la gentillesse de vous avertir qu'ils possédaient une belle couleur secondaire, et votre meilleure chance de battre est de trouver la Dame de Cœur en Nord. De plus, si l'As de Cœur est au mort, peut-être le déclarant refusera-t-il l'impasse gagnante à Cœur pour se rabattre sur une autre impasse, qui elle, échouera. Il arrivera bien sûr que l'entame offre une levée de Cœur au déclarant ; mais bien souvent, il s'agira d'une levée que vous n'auriez de toutes façons pu encaisser, les Cœurs perdants du déclarant étant défaussés sur les Trèfles du mort.

LE SINGLETON

Contre une manche ou un contrat partiel, l'entame d'un singleton est souvent prioritaire. Au niveau du chelem, les choses sont un peu différentes.

Tout d'abord, elle est évidemment à proscrire si vous possédez un As, ou si les enchères ou votre main vous laissent supposer que votre partenaire n'en a pas. Pour que l'entame d'un singleton soit rentable, il faut que le partenaire ait une chance de prendre la main avant que vos atouts ne soient purgés par le déclarant. Dans le cas contraire, l'entame du singleton risque d'aider le déclarant dans une de ses couleurs longues. N'oubliez pas que moins vous possédez de cartes dans une couleur, plus vos adversaires ont des chances d'y être long (si si !).

Lorsque vous n'avez ni As ni trop de points d'honneurs, l'entame du singleton reste un bon pari, surtout si vous pensez que votre partenaire a un As. Dans ce cas, vous jouez à une chance sur deux, puisque votre partenaire doit détenir l'As de la couleur d'entame ou l'As d'atout.

Un exemple :

♠ 6 4 3
♥ 9
♦ D V 10 6 3 2
♣ 9 7 2

la séquence

SUD	OUEST	NORD	EST
			1 ♠
Passe	2 ♣	Passe	2 ♠
Passe	3 ♠	Passe	4 ♣
Passe	4 SA*	Passe	5 ♥
Passe	6 ♠	Fin	

(*) 4 SA : Blackwood 5 clés.

L'entame du singleton à Cœur est ici relativement évidente. Ouest doit avoir un très gros jeu, puisqu'il a posé le Blackwood sur 4♣ ; le fait qu'il s'arrête à 6♠ sans faire d'effort de grand chelem indique donc qu'il manque une clé, et pourquoi pas l'As de Cœur ou l'As de Pique ? C'est en tout cas votre meilleure chance de battre.

Supposez à présent qu'après la même séquence, vous possédiez :

♠ D 4 3
♥ V 9 7 5 2
♦ D V 10 2
♣ 8

Bien entamer contre un chelem à l'atout

Il n'est certes pas exclu que Nord possède un As "utile". Toutefois, votre analyse doit être différente. D'une part, vous détenez la Dame d'atout, ce qui justifie l'absence d'effort de grand chelem. Mais surtout, votre singleton tombe dans la couleur secondaire de vos adversaires, et il est très dangereux de dévoiler la répartition de cette couleur dès l'entame. Il est plus sage de laisser le déclarant se débrouiller avec ses Trèfles, et poser la Dame de Carreau sur la table.

L'As blanc

Faut-il ou non entamer de son As blanc contre un chelem ? La question est souvent délicate, et les meilleurs joueurs se trompent. Quelques conseils cependant :

- N'entamez pas d'un As dans les couleurs nommées par les adversaires (sauf éventuellement s'il s'agissait d'un contrôle).

Ainsi, avec la main suivante :

♠ 87
♥ D875
♦ A63
♣ 7632

la séquence

SUD	OUEST	NORD	EST
			1 ♠
Passe	2 ♣	Passe	2 SA
Passe	3 ♠	Passe	4 ♣
Passe	4 ♦	Passe	4 SA
Passe	5 ♥	Passe	6 ♠
Fin			

L'entame de l'As de Carreau est envisageable (mais pas obligatoire). L'enchère de 4♦ d'Ouest était un contrôle, et vous pouvez éventuellement craindre la disparition des Carreaux d'Est sur les Trèfles de son vis-à-vis.

En revanche, si les enchères se déroulent ainsi :

la séquence

SUD	OUEST	NORD	EST
			1 ♦
Passe	1 ♥	Passe	1 ♠
Passe	2 ♣	Passe	2 SA
Passe	3 ♠	Passe	4 ♣
Passe	4 SA	Passe	5 ♦
Passe	6 ♠	Fin	

Rangez votre As de Carreau et choisissez plutôt le 6 de Trèfle. Est possède au moins quatre cartes à Carreau, et vous risquez de donner le contrat en entamant dans sa couleur.

- N'oubliez pas, qu'en principe, les As sont faits pour capturer des honneurs adverses. N'entamez d'un As blanc que si les enchères de vos adversaires laissent présager l'existence de défausses (longues annexes). S'ils ont montré des jeux plutôt réguliers, conservez votre As et entamez neutre.

Ainsi, avec :

♠ A73
♥ 653
♦ 86543
♣ D9

Bien entamer contre un chelem à l' atout

Vous pouvez entamer de votre As de Pique après la séquence :

la séquence

SUD	OUEST	NORD	EST
			1 ♥
Passe	3 ♣	Passe	3 ♥
Passe	3 ♠	Passe	4 ♣
Passe	4 SA	Passe	5 ♦
Passe	6 ♥	Fin	

Cette fois encore, les risques de défausse sont patents.
Mais vous devriez vous abstenir si les enchères se déroulent :

la séquence

SUD	OUEST	NORD	EST
			1 SA
Passe	2 ♣	Passe	2 ♥
Passe	3 ♥*	Passe	4 ♣
Passe	4 SA	Passe	5 ♦
Passe	6 ♥	Fin	

3♥ : forcing.
Ici, il semble bien que les deux adversaires possèdent des jeux plus ou moins réguliers, et aucun risque de défausse n'a été révélé.

Enfin, dans les cas limites, entamez plus volontiers de votre As en tournoi pas paires, pour éviter de donner la levée supplémentaire. En match par quatre, le seul objectif est de ne pas donner le contrat.

Et maintenant, quelques exercices :

Vous êtes en Ouest ; étudiez bien la séquence, choisissez votre entame, puis reportez-vous aux commentaires ci-après.

1

♠ V 10 9 5
♥ 8 4
♦ A 7 3 2
♣ 9 7 4

la séquence

SUD	OUEST	NORD	EST
1 ♣	Passe	1 ♥	Passe
1 SA	Passe	3 ♣	Passe
3 ♠	Passe	4 ♦	Passe
4 ♥	Passe	4 SA	Passe
5 ♥	Passe	6 ♣	Fin

2

♠ V 10 9 8 5
♥ 8 3
♦ D 10 7 3 2
♣ 3

la séquence

SUD	OUEST	NORD	EST
1 ♥	Passe	3 ♥	Passe
4 ♣	Passe	4 ♦	Passe
4 SA	Passe	5 ♣(1)	Passe
5 ♦(2)	Passe	5 ♥(3)	Passe
6 ♥	Fin		

(1) : 3-0 clés ; (2) : question à la Dame d'atout ; (3) : négatif.

Bien entamer contre un chelem à l' atout

3

♠ R 8 4 3
♥ 7 5 3
♦ V 10 9 5
♣ 9 2

la séquence

SUD	OUEST	NORD	EST
1 SA	Passe	2 ♣	Passe
2 ♥	Passe	3 ♥(1)	Passe
4 ♣	Passe	4 SA	Passe
5 ♣	Passe	6 ♥	Fin

(1) : forcing

4

♠ 8
♥ 3 2
♦ D V 10 6 3
♣ 9 8 6 4 2

la séquence

SUD	OUEST	NORD	EST
		1 ♠	Passe
2 ♥	Passe	3 ♥	Passe
4 SA	Passe	5 ♠ (1)	Passe
6 ♥	Fin		

(1) : 2 clés plus la Dame d'atout.

5

♠ 7 4 3
♥ 9 5 4 2
♦ 10 9 8
♣ R 6 2

la séquence

SUD	OUEST	NORD	EST
1 ♠	Passe	2 ♦	Passe
2 ♥	Passe	3 ♠	Passe
4 ♦	Passe	4 SA	Passe
5 ♠(1)	Passe	6 ♠	Fin

(1) : 2 clés plus la Dame d'atout.

6

♠ 7 6
♥ V 10 8 6
♦ 7 6 5
♣ A 5 3 2

la séquence

SUD	OUEST	NORD	EST
1 ♥	Passe	2 ♣	Passe
3 ♣	Passe	3 ♦	Passe
3 ♠	Passe	4 SA	Passe
5 ♦(1)	Passe	6 ♥	Fin

(1) : 1 clé

7

♠ R 9
♥ D 7 3
♦ 8 7 5 3
♣ 10 9 8 2

la séquence

SUD	OUEST	NORD	EST
2 ♦(1)	Passe	2 ♠(2)	Passe
3 ♥	Passe	3 ♠	Passe
4 ♣	Passe	4 ♥	Passe
6 ♥	Fin		

(1) : forcing de manche
(2) : un As majeur

8

♠ 8 3
♥ D V 10 8
♦ V 10 9 2
♣ A 4 3

la séquence

SUD	OUEST	NORD	EST
1 ♠	Passe	2 ♦	Passe
3 ♦	Passe	3 ♠	Passe
4 ♣	Passe	4 ♥	Passe
4 SA	Passe	5 ♥(1)	Passe
6 ♠	Passe	Passe	Contre
Fin			

(1) : 2 clés sans la Dame d'atout.

Bien entamer contre un chelem à l'atout

1- Faut-il poser l'As de Carreau sur la table, ou se contenter de l'entame neutre du Valet de Pique ? Deux arguments plaident en faveur de l'As de Carreau. D'abord, il existe un risque de défausse sur les Cœurs. Vous n'êtes pas sûr que Nord possède cinq cartes à Cœur, mais vous savez que Sud détient un honneur complémentaire dans cette couleur : il n'aurait pas annoncé un contrôle de courte dans la première couleur de son vis-à-vis. De plus, le contrôle à Carreau est au mort, l'entame de l'As risque donc moins de donner le contrat.

2- Devez-vous espérer trouver un As de Trèfle ou de Cœur en Est et entamer de votre singleton ? Non, bien sûr. Sud a interrogé à la Dame d'atout, et a conclu au petit chelem après la réponse négative de son partenaire. Sud pensait donc au grand chelem, et il n'y a pas d'As dehors. Choisissez benoîtement le Valet de Pique.

3- L'entame du Valet de Carreau est parfaitement neutre, et c'est celle qu'il faut choisir. Il semble bien que vos deux adversaires possèdent des jeux réguliers, ce n'est donc pas le moment de se "mouiller" sous le Roi de Pique.

4- Cette fois, et bien qu'il s'agisse de la couleur cinquième du déclarant, entamez de votre singleton. Sud a bondi à 4SA sur 3♥. Il doit avoir un jeu énorme avec tous les contrôles ; s'il ne fait pas d'effort de grand chelem alors que Nord n'a pas limité sa main, c'est qu'il y a un As à perdre.

5- Avec cette main, vous ne devez pas hésiter à entamer sous votre Roi de Trèfle. Vous ne possédez pas d'arrêt dans la couleur du mort, et le risque de défausses sur les Carreaux est patent. De plus, avec seulement 3 points, vous pouvez espérer le complément nécessaire en Est.

6- Si vous avez bien étudié la séquence, vous ne devriez pas vous tromper. Vos adversaires se sont soutenus à Trèfle, et s'il n'est pas tout à fait sûr qu'ils possèdent huit cartes dans cette couleur, c'est de loin votre meilleure chance de battre. Entamez de l'As de Trèfle, et rejouez Trèfle pour la coupe espérée d'Est.

7- Si vous avez choisi le 10 de Trèfle, nul ne peut vous en vouloir. Toutefois, Nord a annoncé un As majeur et une couleur à Pique. Il y a donc de fortes chances pour que votre Roi de Pique soit bien placé pour le déclarant, et l'entame du 9 de Pique, un faux singleton, peut le déstabiliser et lui faire choisir une autre ligne de jeu.

8- Que peut bien signifier le Contre de votre partenaire ? Il serait fort surprenant qu'il ait la chute en main. Il s'agit d'un Contre d'entame, baptisé Contre "Lightner" du nom de l'inventeur de cette convention. Est possède une chicane, et les enchères vous révèlent que c'est à Carreau. Entamez donc du 2 de Carreau, une carte préférentielle qui indique le retour Trèfle à votre vis-à-vis. Vous encaisserez 2 de chute...

Patrice Conte

Assurez vos chelems

Vous êtes en match par 4 et vous avez appelé un chelem. Comme le chuter serait dramatique, il vous faut bien entendu le réussir coûte que coûte. Quitte à prendre le risque de chuter beaucoup plus ou à renoncer à la treizième levée.

Il paraît sur table ? Alors soyez sur vos gardes ! Imaginez la mauvaise surprise qui pourrait advenir et demandez-vous si un remède existe (c'est la fameuse hypothèse de crainte).

En revanche, si sa réussite nécessite le placement d'une ou de plusieurs cartes, ou bien la répartition d'une couleur, imaginez que les dieux des cartes sont avec vous et qu'ils ont accédé à vos désirs. On appelle cela cette fois l'hypothèse de nécessité.
Donc, si pour gagner il vous faut trouver les Carreaux 3-3 avec le Roi placé, ne vous posez pas la question de savoir si vos chances sont bien de 18 % ; partez de ce postulat un point c'est tout, et établissez votre plan de jeu en conséquence. Mais n'oubliez pas d'en tenir compte dans la reconstitution des mains et les déductions corrélatives.

Techniques de sécurité...

Enfin, s'il existe un jeu de sécurité vous permettant d'augmenter les chances de réussite (voire d'assurer le contrat) n'hésitez pas à le mettre en œuvre (en sacrifiant éventuellement une levée), car le jeu en vaut très largement la chandelle.

Si plusieurs chances de gagner votre contrat s'offrent à vous, testez-les dans un ordre tel que vous soyez en mesure d'en cumuler le plus grand nombre.

Voici une donne pour appliquer ces conseils successifs :

♠ A 9 6 3 2
♥ R 4
♦ V 10 8
♣ R D 8

N
O E
S

♠ D V 5 4
♥ A 7 2
♦ A D 9
♣ A 10 9

Vous êtes en duplicate, vous jouez 6♠ sur entame du Valet de Cœur.

En dehors des Carreaux, votre seul problème est à l'atout car il y a plusieurs manières d'attaquer la couleur.

1- Pour réaliser toutes les levées, il vous faut capturer le Roi en présentant la Dame. Vous ne parviendrez à vos fins que si le Roi est second à gauche, ou troisième avec le 10 sec à droite (hypothèse de nécessité). Ce maniement ne vous donne que 27 % de chances de réussite.

2- Si vous avez le droit de perdre une levée d'atout, vous êtes cette fois en mesure de vous prémunir contre le partage 4-0 d'un côté ou de l'autre en partant petit du mort vers votre main (hypothèse de crainte).

Quel sera votre choix ? Ligne 1 ou ligne 2 ?

Tentez immédiatement l'impasse au Roi de Carreau. Si elle réussit, adoptez la ligne 2. Si elle rate, il faudra vous satisfaire des 27 % de chances que vous offre la ligne 1.

... ET PSYCHOLOGIE DU PARTENAIRE

Et enfin, ne vous précipitez pas quand vous jouez un chelem. Si en tournoi par paires, un contrat d'1SA ou de 2♦ a autant d'importance qu'un grand chelem vulnérable, en match par quatre ce n'est pas du tout le cas.
Il existe une phrase que l'on ne devrait jamais entendre quand on a appelé un tel contrat : « Pardonne-moi, j'ai joué trop vite ».

Et maintenant, permettez-moi un ultime conseil. Il est extrêmement rare que votre partenaire soit parfaitement serein et détendu surtout si votre contrat est un peu poussé. Il existe un petit truc pour le rassurer : à la première occasion, appelez une carte insolite du mort pour lui signifier que vous êtes dans un contrat normal et qu'il n'a pas de souci particulier à se faire. S'il y a par exemple au mort 8 5 2 à Carreau, ne dites pas petit, mais le 5, en agissant comme si vous amorciez une savante manœuvre de déblocage !

C'est à votre tour de réfléchir sur les sept donnes suivantes...

1

Nord	Sud
♠ R 9 5 2	♠ A V 4 3
♥ A D 4	♥ R V 10 6 2
♦ R 8 3 2	♦ A 4
♣ A 5	♣ R 7

Contrat : 6♠ ;
Entame : ♣D.

Tout est maître en dehors des atouts où il faut éviter de perdre deux levées. Pour ce faire, adoptez sans hésiter le maniement de sécurité approprié qui consiste à partir de l'As et à continuer petit vers le mort avec l'intention de passer le 9 si Ouest fournit petit.
Ainsi, vous vous prémunirez contre Dame-10 quatrièmes d'un côté ou de l'autre. En tournoi par paires, ce maniement serait plus sujet à caution car le chelem sera souvent demandé (à Cœur ou à Pique dans le cas présent cela ne change rien...). A vouloir assurer, vous risqueriez de récolter un zéro si la couleur est normalement partagée et la Dame placée.

1

Ouest	Nord	Est
	♠ R 9 5 2	
	♥ A D 4	
	♦ R 8 3 2	
	♣ A 5	
♠ D 10 8 7		♠ 6
♥ 7 3		♥ 9 8 5
♦ V 9 7		♦ D 10 6 5
♣ D V 9 8		♣ 10 6 4 3 2
	Sud	
	♠ A V 4 3	
	♥ R V 10 6 2	
	♦ A 4	
	♣ R 7	

Magazine
Théorie
Pratique
Jeu de la carte

Contrat : 6♥ ;
Entame : ♦R.
Ouest a la Dame de Coeur quatrième.

2

	Nord	
	♠ R D 7 ♥ V 10 8 2 ♦ 5 2 ♣ A D 10 4	
	Sud	
	♠ A 5 ♥ A R 9 6 5 ♦ A V 4 ♣ R 5 2	

Il n'y a pas à tortiller, il faut coûte que coûte vous débarrasser de vos deux Carreaux sans vous faire couper. L'un partira sur la Dame de Pique et l'autre sur un Trèfle. Et comme il ne servirait à rien de trouver cette couleur répartie 3-3, puisque Ouest couperait au troisième tour et encaisserait son Carreau, il est indispensable qu'Ouest possède quatre cartes. Dès lors, il n'y a rien de plus facile, tirez l'As, le Roi, puis tentez - je devrais plutôt dire “réussissez”- l'impasse au Valet.

2

Ouest	Nord	Est
	♠ R D 7 ♥ V 10 8 2 ♦ 5 2 ♣ A D 10 4	
♠ V 9 6 ♥ D 7 4 3 ♦ R D ♣ V 9 7 3		♠ 10 8 4 3 2 ♥ - ♦ 10 9 8 7 6 3 ♣ 8 6
	♠ A 5 ♥ A R 9 6 5 ♦ A V 4 ♣ R 5 2	

Contrat : 6♥ ;
Entame : ♣R.

3

	Nord	
	♠ A R V 8 ♥ D 7 4 2 ♦ 3 ♣ V 9 6 5	
	Sud	
	♠ 7 ♥ R V 10 9 8 ♦ A R D 4 ♣ A 3 2	

Vous devez impérativement défausser deux Trèfles sur les Piques; alors faites l'impasse à la Dame dès la deuxième levée. Vous ne pouvez donner un seul tour d'atout, sous peine de concéder en plus de l'As, deux levées de Trèfle.

3

Ouest	Nord	Est
	♠ A R V 8 ♥ D 7 4 2 ♦ 3 ♣ V 9 6 5	
♠ D 6 4 2 ♥ 6 ♦ 8 6 5 2 ♣ R D 10 8		♠ 10 9 5 3 ♥ A 5 3 ♦ V 10 9 7 ♣ 7 4
	♠ 7 ♥ R V 10 9 8 ♦ A R D 4 ♣ A 3 2	

4

Contrat : 6♥ ;
Entame : ♥5.

N :
♠ V 9 5
♥ R 8 3
♦ A 7 6
♣ A V 6 2

S :
♠ A 7 6
♥ A D V 10 4
♦ R D 10 4
♣ 4

Le contrat est franchement mauvais et il serait souhaitable d'additionner toutes les chances. As de Trèfle et Trèfle coupé pour tenter Roi Dame troisièmes. Si ça échoue, il faut tenter de couper un Pique et pour ce faire en défausser un du mort. La seule possibilité est de jeter un Pique sur un Carreau et, comme un atout est nécessaire pour couper, vous serez obligé d'en laisser traîner un. Donc petit Pique à blanc pour ouvrir la coupe, un second tour d'atout, Roi, As et Carreau pour l'impasse au Valet, Carreau afin de défausser un Pique, As de Pique et Pique coupé. Il ne vous reste que de l'atout.

4

N :
♠ V 9 5
♥ R 8 3
♦ A 7 6
♣ A V 6 2

O :
♠ R 10 3 2
♥ 7 5
♦ 8 3
♣ R 10 9 8 5

E :
♠ D 8 4
♥ 9 6 2
♦ V 9 5 2
♣ D 7 3

S :
♠ A 7 6
♥ A D V 10 4
♦ R D 10 4
♣ 4

5

Contrat : 6♠ ;
Entame : ♦10.

N :
♠ A 10 8 4
♥ V 9 5
♦ R V 6
♣ R D 7

S :
♠ D 6 5 3 2
♥ R D 10
♦ A D 3
♣ A V

La seule possibilité est de trouver R 9 7 en Ouest et de partir de la Dame. Vous recommencerez ultérieurement l'impasse pour capturer le 9 d'Ouest.

5

N :
♠ A 10 8 4
♥ V 9 5
♦ R V 6
♣ R D 7

O :
♠ R 9 7
♥ 8 6 4 3
♦ 10 9 8 7
♣ 5 2

E :
♠ V
♥ A 7 2
♦ 5 4 2
♣ 10 9 8 6 4 3

S :
♠ D 6 5 3 2
♥ R D 10
♦ A D 3
♣ A V

Magazine
Théorie
Pratique
Jeu de la carte

Contrat : 6♥ ;
Entame : ♦V.

6

Nord	♠ A 5 3 ♥ R D 8 3 ♦ 3 ♣ A 10 6 5 3
Sud	♠ 6 ♥ A 10 6 5 4 ♦ A D 6 ♣ R D 4 2

Si les atouts sont partagés 2-2 ou 3-1, votre contrat ne présentera aucune difficulté et vous ferez 13 levées s'il n'y a pas d'accident à Trèfle. Votre teneur à Cœur est telle que vous êtes en mesure de vous prémunir contre V9 quatrièmes dans la même main en partant du Roi s'ils sont à droite, et de l'As s'ils sont en Ouest. Comment choisir ? Eh bien, si vous vous trompez, ce n'est pas irrémédiable si vous ne perdez pas de levée par ailleurs. Comme cela ne pourrait se présenter que si le Valet de Trèfle est quatrième à droite, imaginez que cette fâcheuse répartition existe réellement. Dès lors, si les atouts sont eux aussi mal partagés, c'est plutôt Ouest qui détiendra les Cœurs (il aurait deux chicanes) et il faut attaquer les Cœurs en partant de l'As.

6

Ouest	Nord	Est
	♠ A 6 5 3 ♥ R D 8 3 ♦ 3 ♣ A 10 6 5 3	
♠ D 10 9 4 ♥ V 9 7 2 ♦ V 10 8 4 2 ♣ -		♠ R V 8 7 2 ♥ - ♦ R 9 7 5 ♣ V 9 8 7
	♠ - ♥ A 10 6 5 4 ♦ A D 6 ♣ R D 4 2	

Contrat : 6♥ ;
Entame : ♥D.
Est n'a qu'une carte à Coeur.

7

Nord	♠ V 5 ♥ 7 5 ♦ R D 7 5 4 2 ♣ R V 10
Sud	♠ R 4 ♥ A R 9 8 6 4 3 ♦ A 3 ♣ A D

Vous avez eu la chance d'échapper à l'entame mortelle à Pique. Maintenant, il importe de défausser vos deux Piques et, cette fois, les chances d'y parvenir paraissent sérieuses. Pas de précipitation... Réfrénez votre envie, des plus naturelles au demeurant, de commencer par les Trèfles. Comme Ouest doit détenir un minimum de deux Carreaux, il ne coûte strictement rien de tirer As Roi. Si Ouest en possède quatre, défaussez tout de suite le 4 de Pique sur la Dame, coupez un Carreau pour affranchir la couleur, rejoignez le mort par la Dame de Trèfle prise du Roi et jouez un Carreau maître pour jeter le Roi de Pique. En procédant de la sorte, vous supporterez même un singleton Trèfle à gauche.

7

Ouest	Nord	Est
	♠ V 5 ♥ 7 5 ♦ R D 7 5 4 2 ♣ R V 10	
♠ D 10 9 3 2 ♥ D V 10 ♦ V 10 8 6 ♣ 7		♠ A 8 7 6 ♥ 2 ♦ 9 ♣ 9 8 6 5 4 3 2
	♠ R 4 ♥ A R 9 8 6 4 3 ♦ A 3 ♣ A D	

Robert Berthe

Fins de coups

Jouer un chelem, c'est disposer de ressources nombreuses, qui permettent d'utiliser toute la technique du jeu en face du mort. En particulier, le chelem est le lieu privilégié des fins de coups : éliminations, réduction d'atout, et même – pourquoi pas – squeeze.

Un mot qui fait peur, tant les positions sont nombreuses et l'abord souvent complexe.
Mais la contrepartie est loin d'être négligeable : elle réside dans le caractère esthétique des fins de coup et le bonheur qui nous submerge quand on parvient à son but par suite d'une exécution parfaite.

La première marche

S'il est un type de fin de coup qui constitue le fond de commerce des chroniqueurs de bridge, c'est assurément l'élimination-placement de main.
On trouve en effet là matière à des problèmes assez spectaculaires et pas trop difficiles.
Voici, dans ce secteur, ce qui se fait de plus simple :

	♠ D 10 8 4 3 ♥ A 3 ♦ 8 7 ♣ A V 9 3	
	N / O / E / S	
	♠ A R V 9 5 ♥ V 4 ♦ A D ♣ R D 10 4	

Vous jouez 6♠ sur l'entame du Roi de Cœur. Comment faire pour éviter l'impasse Carreau, d'issue incertaine ?
Vous prenez l'entame de l'As de Cœur, purgez les atouts et vous encaissez les quatre levées de Trèfle de manière à enlever à Ouest ses cartes de sortie.
C'est la phase d'élimination.
Vous terminez en présentant le Valet de Cœur qu'Ouest doit prendre de la Dame.
C'est le placement de main.
Ouest doit rejouer au choix :
- Carreau dans la fourchette
- Cœur en coupe et défausse. Vous coupez au mort et défaussez la Dame de Carreau de votre main.

Cette fin de coup trouve ses dividendes quand le Roi de Carreau a l'élégance de se trouver en Ouest…

	♠ D 10 8 4 3 ♥ A 3 ♦ 8 7 ♣ A V 9 3	
♠ 6 ♥ R D 10 2 ♦ R 9 5 4 2 ♣ 8 6 2	N / O / E / S	♠ 7 2 ♥ 9 8 7 6 5 ♦ V 10 6 3 ♣ 7 5
	♠ A R V 9 5 ♥ V 4 ♦ A D ♣ R D 10 4	

PREMIÈRE PRESSION À FROID

Comme chacun sait, un squeeze a pour objet de contraindre l'adversaire à se délester d'une carte maîtresse.
La pression exercée sur lui concerne le plus souvent deux couleurs et il doit choisir, pour notre plus grande jubilation, entre la corde et le poison.

	♠ 5 3 ♥ A 8 5 ♦ A R D 2 ♣ 10 8 7 4	
	N / O / E / S	
	♠ A R D V 8 7 4 2 ♥ D 4 ♦ 7 5 3 ♣ -	

Vous jouez 7♠ sur l'entame du Roi de Trèfle. Comment allez-vous vous y prendre ?
Sans bagage technique, un joueur de salon s'en remettrait au partage 3-3 des Carreaux pour éliminer sa perdante à Cœur.
Un vieux renard - également dépourvu de technique - couperait l'entame et tirerait tous ses atouts en espérant qu'un adversaire long à Carreau se trompe et en défausse un de trop.
Un technicien prendrait la précaution d'encaisser l'As de Cœur avant de défiler les atouts.

Il en arriverait ainsi à la position suivante :

	♠ - ♥ 8 ♦ A R D 2 ♣ -	
♠ NE ♥ JOUE ♦ PAS ♣	N / O / E / S	♠ - ♥ R ♦ V 9 8 4 ♣ -
	♠ 4 ♥ D ♦ 7 5 3 ♣ -	

Si l'As de Cœur était encore au mort à ce stade, Sud devrait l'assécher et Est en ferait impunément de même avec le Roi.
Sur le 4 de Pique, Sud efface le 8 de Cœur du mort et Est doit jeter un Carreau ou le Roi de Cœur. Un crève-cœur…
Ce “Coup de Vienne” préparatoire à un squeeze simple, destiné à isoler la menace de la Dame de Cœur, était, il y a 60 ans, considéré comme la marque des très grands joueurs…

	♠ 5 3 ♥ A 8 5 ♦ A R D 2 ♣ 10 8 7 4	
♠ 9 6 ♥ V 9 7 3 ♦ 10 6 ♣ R D V 9 2	N / O / E / S	♠ 10 ♥ R 10 6 2 ♦ V 9 8 4 ♣ A 6 5 3
	♠ A R D V 8 7 4 2 ♥ D 4 ♦ 7 5 3 ♣ -	

Sorcellerie

Certaines positions de cartes à l'atout ont de quoi rassurer trompeusement les défenseurs.
Il est en effet légitime de penser faire deux levées d'atout avec Roi-Dame troisièmes derrière l'As, ou Dame-Valet quatrièmes derrière le Roi…
Une réduction d'atout suivie d'un placement de main parvient toutefois à convertir deux levées en une seule comme par sorcellerie.

♠ 862
♥ D 10 5 4 3
♦ A 6 3
♣ 75

N / O E / S

♠ A R 10 9 4 3
♥ A
♦ R D 9
♣ A R D

Vous êtes au volant de l'excellent contrat de 6♠ et Ouest entame du 2 de Cœur.
A la deuxième levée, vous encaissez l'As d'atout et prenez une douche froide : Est défausse !
Ouest vous propose amicalement de solder le coup pour une de chute.
Acceptez-vous son offre ?
Certainement pas ! Si vous pouvez couper deux fois de votre main longue (la réduction d'atout), et s'il vous est possible d'encaisser six levées mineures sans être surcoupé, l'affaire est dans le sac.
Vous montez donc au mort à Carreau et coupez un Cœur. Vous coupez ensuite le troisième Trèfle (bien qu'il soit maître, si si !) afin de couper un second Cœur. Vous encaissez Roi Dame de Carreau et il ne vous reste plus que R 10 9 à l'atout.
Quand vous jouez le 10 de Pique, Ouest prend du Valet et doit rejouer dans votre fourchette R 9 !

Les quatre jeux

Ouest	Nord / Sud	Est
	♠ 862 ♥ D 10 5 4 3 ♦ A 6 3 ♣ 75	
♠ D V 7 5 ♥ 862 ♦ V 5 4 ♣ V 6 2	N / O E / S	♠ - ♥ R V 9 7 ♦ 10 8 7 2 ♣ 10 9 8 4 3
	♠ A R 10 9 4 3 ♥ A ♦ R D 9 ♣ A R D	

Le bon placement

Mais les coups de réductions d'atout restent, somme toute, assez rares. Plus fréquents sont les squeezes placement de main. Vous commencer par étrangler l'adversaire et ensuite, histoire de faire la paix, vous lui tendez la main…

♠ A 3
♥ 8764
♦ A 8 2
♣ 7642

N / O E / S

♠ R D V 10 8 7 4
♥ -
♦ R D 5 4
♣ A D

Vous avez atteint 6♠ après une ouverture d'1♥ en Ouest.
Vous coupez l'entame de l'As de Cœur.

Quelles sont vos chances ?

Le coup est sur table si les Carreaux sont 3-3. Quant à l'impasse à Trèfle, elle a bien peu de chance de réussir…
Il vous faut quatre tours pour purger les atouts d'Est. Vous en tirez un de plus pour parvenir au diagramme à 7 cartes ci-dessous. Sur le 7 de Pique, Ouest lâche le Roi de Cœur. Vous jouez quatre tours de Carreau pour le mettre en main. Il doit jouer sous son Roi de Trèfle.
Bien entendu, Ouest, voyant ce qui va lui arriver, aura pu choisir de garder un Cœur - attention, le 2 suffit puisqu'Est possède la garde à Cœur - et d'assécher son Roi de Trèfle.

Ouest	Nord / Sud	Est
	♠ -	
	♥ 8 7	
	♦ A 8 2	
	♣ 7 6	
♠ -	N	♠ -
♥ R	O E	♥ 10 9
♦ V 9 6 3		♦ 10 7
♣ R 10	S	♣ V 9 8
	♠ 7	
	♥ -	
	♦ R D 5 4	
	♣ A D	

Il est donc capital de bien suivre les défausses de votre adversaire, sachant par les enchères qu'il avait cinq cartes à Cœur au départ.

Les quatre jeux

Ouest	Nord / Sud	Est
	♠ A 3	
	♥ 8 7 6 4	
	♦ A 8 2	
	♣ 7 6 4 2	
♠ -	N	♠ 9 6 5 2
♥ A R D V 2	O E	♥ 10 9 5 3
♦ V 9 6 3		♦ 10 7
♣ R 10 5 3	S	♣ V 9 8
	♠ R D V 10 8 7 4	
	♥ -	
	♦ R D 5 4	
	♣ A D	

Pierre Saporta